12歳までに「絶対学力」を育てる学習法

すべての教科に役立つ万能の思考力を伸ばす

糸山泰造

草思社

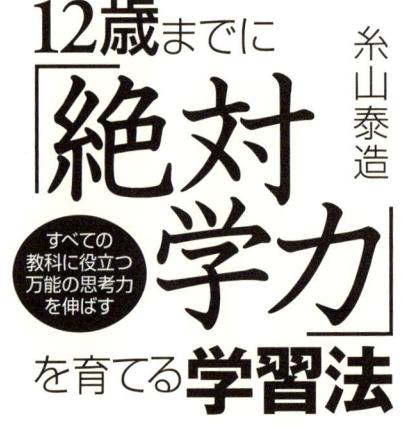

12歳までに「絶対学力」を育てる学習法◉もくじ

まえがき……9

1 「考えられない子ども」を育てる危険な学習……17

どうしてこんなに考える力がないのか?……17
「脳の活性化」は学力とは関係ない……23
学力低下はゆとり教育のせいではない……25
子どもにとって「危険な学習」がある……27
わが子の本当の学力を知る……31
マリオネット症候群に気をつけて……39

2
なぜ子どもたちは考えなくなるのか……41
「考えない習慣」をつける教育……41
「カンちがい学習」の恐ろしさ……43
完璧主義の悪循環……47
反復学習させることの危険性……49
幼稚で残忍な犯行はなぜおこるか……51
見せない教育の重要性……54

3
「考えられる子ども」を育てる！……57
「考えない習慣」をつけていませんか？……57
「考えない学習」はさせない……61

プロセスが大事な理由……65
十二歳までは速くてはいけない……69
パターン学習は十二歳を過ぎてから……72
すでに十二歳を過ぎている場合……73

4 「視考力」という絶対基礎学力……77

感味力を守り、視考力を活用する……77
ヒトから人間に育てる……79
乳脳から永久脳へ……82
「脳内言語」は視覚イメージ……85
ヒラメキの構造……87
コラム／本当の睡眠学習……88
幼児・児童期に知的系統的学習をしてはいけない……89

5
「絶対学力」を育てる新しい学習法……92
学力を低下させる「予習」VS 効果抜群の「準備学習」……92
コラム／興味をなくさせずに「教えない」ようにする……98
漢字を効率的に覚える方法……99
コラム／教室での漢字の覚えさせ方……108
計算力を効果的に養成する方法……110
コラム／危険な指導、危険な宿題……139
不要な計算練習をさせてはいけない……141
思考力を伸ばす「良質の算数文章問題」……143
コラム／算数で国語が伸びた！……149
考えることは簡単にできる……169
絵図を描くとオリジナリティーも育つ……171
どの科目でも視考力が養成できる……180
読解力の養成法……181

「教育の統一場理論」……186
表現力と読解力について……189
自分だけの参考書「わからん帳」……192
効果絶大のまとめ学習法……197
コラム／思い出す工夫が記憶力を高める……203

6 むりなくむだのない中学受験……207
受験勉強をはじめる前に……207
思考力をそこなわない健全な受験……209
テキストとテストについて……211
過去問題を使った「読み聞かせ」学習法……213
学力を点数力に変換する「設問解釈」……214
志望校対策は自宅でする……215

付録……226
学習相談……226
利用者の声……235
どんぐり倶楽部「良質の算数文章問題」例題……242
頭の健康診断……247
あとがき　「夢追い族の守り神——シコウリョク様」……250

まえがき

私は小学校の先生という職業を、もっとも尊敬しています。

ですから、この本に書いてある「むりなくむだなく効果的な学習法」を、多くの小学校で試していただければいいな、と思っています。

この学習法なら、先生の負担はぐっと軽くなるのに、子どもたちの学力、思考力、生きる力は見事に育ちます。そして、中学受験や高校受験の勉強にうつるさいにも、抜群の効果を発揮します。

また、フルタイムで働く、時間の余裕のないお母さんでも、むりなくサポートできるような学習法ですから、家庭学習にももちろんオススメです。

「子どもは小さな大人ではない」というのは、医学界やスポーツ界では常識です。

この考えが定着したおかげで、多くの子どもたちが危険を避けられるようになりました。

つまり、大人には効果のある薬や練習方法でも、子どもには悪影響を及ぼすものがある、ということです。医学界では副作用というかたちで、スポーツ界ではスポーツ障害というかたちであらわれますので、その危険性は明らかです。

ところが教育界では、危険な教育法の結果と考えられる状態が「考える力がない」という漠然とした表現であいまいにされており、それが人為的な学習障害（ＡＬＤ：Artificial Learning Disabilities）だと考えられていないことが、非常に大きな問題だと思います。

つまり、**子どもたちの多くは、「考える力がない」のではなく「考えられないように教育されている」のではないか、ということです。**

私はこれを、カンちがい教育がつくりだした、人為的な障害だと思っています。

もちろん、子どもたちをとりまく環境の変化も少なからず関係していますが、全国的にもっとも影響力が大きいのは、義務教育と家庭学習です。

私は長年のあいだ検討を重ね、この**人為的学習障害をひきおこす最大の原因は、十二歳以前、とくに九歳以前に、徹底反復とスピードを重視した、「読み・書き・計算」の高速多量学習をさせることと、思考力の基礎となる「視考力」の使い方をまったく教えてもらっていないことだという結論に達しました。**

「基礎の反復は大切でしょう」と思われるでしょうが、スポーツや楽器演奏とはちがい、思考にかんしては、九歳までの高速多量と徹底反復は害にしかならないようなのです。

こういう私自身も、二十数年前までは、大手進学塾講師として「徹底反復した基礎の上に応用力が育つ」とばかり、「読み・書き・計算」の徹底を筆頭に、暗記力・暗算力・高速反射力の養成、問題のパターン分析・解法伝授、検定試験勉強の奨励、作文指導、あげくのはてに、受験用に円周率の倍数暗記までさせていました。

たしかに子どもたちの成績は伸びましたが、いま思えば、私が育てたのは本当の学力ではなく「高度なサルまね」という「にせものの学力」だったうえに、その子がもっている才能の八〇パーセントをつぶし、二〇パーセントをいびつに伸ばしていたのです。

いまは断言できます。医療用の薬や、スポーツの練習方法と同じように、学習法にも、大人には有効でも、子どもには有害なものがあるのです。

このことに気づかせてくれたのは、当時の塾生（小五の女子）でした。

彼女は、結果的に女子御三家と呼ばれる桜蔭中学に進みましたが、彼女の余裕には驚かされっぱなしでした。とくに国語などは、「楽しいから」という理由で、宿題にも出していない先のものを軽々とこなしてくるのです。途中で「予習禁止令」を出したくらいでした。

彼女は小五の夏から入塾してきた子でした。

「塾通いは遅いほうが伸びる」というのは塾の先生のあいだでは公然の秘密ですが、彼女もまたその一人でした。**中学受験用のパターン学習は、できるだけ高学年まで待って、短期間ですませるほうが効果的なのです。**

先どり学習が子どもたちに悪影響を与えることは薄々感じていましたが、それまではその理由がわからなかったのです。

彼女は受験勉強など、したこともありませんでした。ですが、砂に水が染みこむような吸収力があり、豊かな表現力を備えていました。

私は彼女の豊かな学力が育った条件を突きとめようと、彼女を観察し、保護者と面談しました。お母さんは、次のようなことを心がけてきたと話してくれました。

●子ども自身のペースを大事にして、子どもを見守る
●「目に見えるように」話をする
●聞かれたことは、最低限だけ教える
●文章のない絵日記をつける
●宿題には口を出さない

「目に見えるように」話をするとは、たとえば、「お礼を言った？」とだけ言うのではなく、「お礼を言う人のほうを向いて、頭を下げて『ありがとうございました』と言って、目を見て笑った？」という具合です。

絵日記は、書きたいことが多すぎて、文章だと時間がかかるので、絵だけでやってみたそうです。

もちろん、これらのことだけではありませんが、要約すると、**少量の質の良い家庭学習と、視覚イメージの活用が、豊かな学力養成の絶対条件だったのです。**

米国国立精神衛生研究所のデータでも明らかなように、脳の高次機能の進化（思考回路網作成）は、最長でも十二歳（早ければ七、八歳）までで、それまでに使われなかった（使われることが少なかった）回路は不要だと判断され消滅させられてしまうのです。これは、環境に適応した脳を効率的に働かせる（エネルギーを有効利用する）ための自然な現象（思考回路網の刈りこみ現象）と考えられています。

生物学的にも、個体の完成は性的な成熟年齢（人間は十二歳）までに終わることから、人間は十二歳で思考機能の準備を完了させると考えるのはじつに妥当です。

つまり、**思考力の養成には臨界期（機能を稼働させる限界の時期）があり、それが十二**

歳であること。そして、十二歳までに人間らしい判断力を含む思考力を育てなければ、もはや「考える葦《あし》」である人間にはなれない、と考えてまちがいないということです。

ですから、十二歳までは、脳の進化（多様な思考回路の作成）のじゃまになるような刺激、とくに同一の単純な回路しか使わない徹底反復学習は、できるだけやらせないようにして、新しい複雑な思考回路の作成をうながすような環境をととのえてあげる必要があるのです。

「読み・書き・計算」が得意なのに、算数の文章題ができないのはなぜか？

国語の読解能力が低い原因は何か？

ご存じでしょうか。どちらも「視考力」――文字・言葉や数字などの記号から視覚イメージを再現し、それを操作する力――の不足です。

「視考力」とは、思考はもちろんのこと、運動や芸術も含めた、あらゆる分野で応用力を発揮する、万能の絶対基礎学力のことです。

ところがいま、多くの子どもたちは、このだれもがもっている「視考力」という絶対基礎学力を存分に活用できるようには育ててもらっていないのです。

幼稚で残忍な犯罪が後をたちません。

ヒトから人間に育ててもらえなかった「子ども大人」の特徴は、幼稚で残忍なことです。

十二歳までの教育の失敗なのではないでしょうか。

では、いったいどうすればいいのでしょう。

学校で「ヒトから人間に育てあげる」教育を受けられない場合は、家庭で育てるしかありません。そして、このことが子ども自身を守ることになるのです。

いつの時代も子どもは親が守るしかありません。

まずは自分のお子さんを守るために、本書で紹介する、「視考力」を活用した学習法を試していただければうれしく思います。

1 「考えられない子ども」を育てる危険な学習

◆どうしてこんなに考える力がないのか？

これまでたくさんの子どもたちを見てきましたが、年長から中三まで、**自力で考えることができない子どもたちは、少なく見ても八割以上におよびます。**その全員が「考えるとはどういうことか」を知らず、その方法を教わってもいませんでした。

もちろん、学校には行っていますし、大手塾に通っている子も大勢いました。

勉強はしているのですが、「考えることができない」のです。

そんなバカな！　と思うでしょうか？

では、私の教室に来た「考えられない子ども」のなかでも、とくに重症だった小四のＡ君を紹介します。

彼は○○式で二学年先、つまり小六の学習をしていました。もちろん、学校の宿題も毎日キチンとやっています。教科書の音読、漢字書き取りドリル、計算ドリルです。ときどきは日記の宿題もありました。

その彼に、「どんぐり倶楽部」の「良質の算数文章問題」（二四二ページ参照）から五問（年長向け～小四向け各一問ずつ）を出題しました。

A君の反応は、どの問題でもほとんど同じでした。

彼：（落ち着きなくチラッと問題を見て、宙を見て、数字を口にする）○○。
私：ん？　何？
彼：○○です。
私：何が？
彼：答えです。
私：何の？
彼：コレの。
私：ちがうよ。
彼：（またチラッと問題を見て、宙を見て、数字を口にする）△△。

私：ちがうよ。
彼：（またチラッと問題を見て、宙を見て、数字を口にする）□□。
私：ちがうよ。問題は読んだ？
彼：（うなずく）
私：描いてみて。
彼：（？という顔）
私：問題に書いてあることを、絵で描いてみて。
彼：（手は動かない）
私：答えはわからなくてもいいし、式もいらないから、描くだけ描いてみて。
（どう促しても彼の手は動かない。ブツブツと数字が聞こえてくる）
私：計算だけじゃあ出ないと思うよ。
彼：？？？

悲しいことですが、A君に計算問題や、計算と直結した文章問題などの「考えなくても解ける問題」を出すと、たちまち目が輝きだします。そして、「考えている（かのような）顔」をして、じつは何も考えずに、黙々と高速計算という単純作業を繰り返すのです。

ハツラツとしているように見えるその姿が、私には不憫《ふびん》でした。

軽いストレスが脳を活性化させていますので、「頭が回転している」と本人もカンちがいしていたようでしたが、彼が、頭を使って勉強していると思っていた時間はすべて、**考えない頭を強化している時間だったのです。**

一ページに何十題も問題がある計算ドリルやマス計算でも、「遊び感覚で楽しくできるのなら」「自分からしているから」「好きなことなら」「宿題だから」いいんじゃないの？と言う人が大勢います。

これは、「遊び感覚で楽しく」子どもの才能をつぶしているということです。なぜなら、遊び感覚でも楽しくても、やっていること、使っている思考回路は同じだからです。

★ある学習教室の先生のブログより抜粋

去年の十一月頃から来てくれるようになった、小五の子たちがいます。大手の中学受験塾が合わなくて、ということで、来てくれるようになりました。

彼らは二卵性の双子。顔も体型もまったくちがうけれど、本当に素直で無邪気で可愛い子たちです。

来てくれた当初は、正直言ってかなりの学力差を感じました。けれど、時がたつにつれ、最初不安だった子のほうがどんどん安定して、じっくり考えられるようになってきました。それに反して、最初は自信をもっていたはずの子の危険な状態が徐々に表面化しはじめたのです。

彼は、式さえわかれば計算は速い。学校などで習った直後のことはかなりできる。だから、自分が「自分の頭で考えていない」ということに気づいていないようです。これまで何度も「これ割るん?」とか、問題を読んだ瞬間「わからん」とか、「ヒント教えて」。そんなことを言うたび、なるべく突き放し、最小限のヒントにとどめ、少しでも考えてくれるよう働きかけてきました。

実際、もうひとりの彼にもそうしていましたので、本当なら二人に同じような効果が出てもいいはずです。なにしろ双子ちゃんですし、生まれたときも育てられ方もほぼ同じだったはず。なのになぜこんな状態なんだろう? と思っていました。

その理由が今日、わかりました。

彼らは小一の頃から、プリントで計算問題を機械的に反復させる学習塾に行っていたそうです。そして、そこではひとりはかなり進んでいて、もうひとりは苦戦していたそうなのです。かなり進んでいた彼は、有名受験塾にもある程度のあいだ通いつづけたそうです。そしてもうひとりの子は早い時期にリタイヤしたと。

いま、この子たちとレッスンをしていて感じるのは、プリント学習で苦戦し、受験塾も早々にリタイヤした子のほうが明らかに頭が柔らかく、イメージすることもできているということ。この子にかんしてはあまり心配をしておらず、今後十分伸びるだろうと思っています。

しかし、もうひとりの彼は、せっかくこれまで頑張ってきたのに、それが仇《あだ》となっているのです。もちろんそれは彼には言えませんが、本当に悲しいことです。

同じ家で同じように育った二人のこの差を、たんに素質や能力の差という人もいるのでしょう。けれど私にはそうは思えません。反復に耐えた子のほうがこれまでずっと塾や学校での成績はよかったようですから、もしかすると資質的にはその子のほうがより伸びる可能性があったのかもしれないのです。

それなのに。

「考えてみて」という言葉に、彼はきょとんとします。「絵を描いてみて」と言っても、しばしば問題文を踏まえない絵を描きます。けれど、もうひとりの子は、短期間でかなり考えられるようにも、描けるようにもなってきました。少しずつイメージできるようになっているのを感じます。もちろん、彼があきらめない限り、私はあきらめません。

ごくわずかながら、変化の兆しは見えはじめているようにも感じます。初めの一歩は時間がかかるかもしれませんが、とにかくその一歩を彼自身の力で踏みだしてもらえるようできる限りのことはしようと思います。ただ、やはりみなさんにお願いしたいのです。何度も何度も言いますが、とにかく幼児・低学年期に単純計算の大量な機械的反復学習はさせないでください。本当に心からお願いいたします。

◇「脳の活性化」は学力とは関係ない

単純なストレスを与えると、脳は活性化します。たとえば、日常的にしていることを異常に速くさせるだけでもストレスになり、脳は活性化するのです。

「脳の活性化」が学力養成とどう関係があるのかまったくわかっていないのに、「脳の活性化」という医学用語が教育界で使われています。これは非常に危険なことです。

あることを効率的な方法でおこなえば、エネルギーは最小限の消費ですむのに、簡単な仕事（単純計算）に多量のエネルギーを浪費させていることを「活性化している」からいい、とカンちがいしているフシがあります。

これは、思考回路ができあがった大人の脳にたいするリハビリ的な刺激としては効果的でも、成長途上にある子どもの脳には悪影響しか与えません。

また、「活性化」の正しい意味を脳研究のデータをとっておられる専門家にうかがってみたところ、こういうお返事でした（太字は引用者）。

私どもの業界では「活性化」というのは、酸素代謝あるいは血流量の局所的増加のたんなる言い換えにすぎません。したがって、**この言葉に「良い」というニュアンスはまったくありません。**

たしかに、認知症患者などに、計算や暗記などをさせると、知能テストのようなもののスコアが上昇します。しかし、この程度で「だから子どもの学力向上になる」などという結論は出せません。血流の増加が脳にいいとは言えないからです。

現に、空気中の二酸化炭素濃度を上げると、全脳にわたって血流量は増加しますが、だれもこれを脳にいいとは思わないでしょう。

私どもの分野で、健常人にとって酸素代謝が脳の広範囲で行われるほうが、狭い範囲でおこなわれるよりいい刺激になると言う人はいないと思います。

いままでに、音読や高速単純計算以外にも、ソロバン、卓球、チューインガムをかむこと、また「怒り」「いやな考え」「悪いニュース」「怖い予想」などの不安材料などでも

「脳の活性化」がみられることがわかっています。

つまり、どの角度から見ても、脳を活性化させることと学力養成とは、まったく結びつかないのです。

「脳を活性化させるために毎日、百回チューインガムをかみましょう」と言われて実行する人はいないでしょうが、これが計算問題ならさせようとしますね。不思議です。

それでも頭の準備運動にはなるだろうと考える人がいるようですが、これもカンちがいです。頭の準備運動ならば、視覚イメージを操作する前段階となる、視覚イメージを再現する練習がピッタリです。

「今朝の朝御飯のメニュー」「昨日見たテレビ番組」「昨日遊んだ相手と何をして遊んだか」「朝起きて、一番最初に言った言葉」「通学中に見た雲の形」などでも十分です。

思い出すものの選択をすれば、子どもたちの生活の様子を具体的に知ることもできます。

◇学力低下はゆとり教育のせいではない

ゆとり教育の理念はまちがっていませんでしたが、そこには理論も方法もありませんでした。ですから、ゆとり教育のせいで学力が低下したと思われたのも当然でしたし、批判の的になるのも当然でした。

ですが、批判そのものは的はずれです。

ゆとり教育批判の中に、「読み・書き・計算」という基礎学力を軽視したからだという意見がありますが、そうではありません。

「読み・書き・計算」が本当に基礎学力であるなら、こんなに一気に学力低下が表面化することはなかったでしょう。実際、ゆとり教育の前も後も、子どもたちの宿題はまったく同じ「読み・書き・計算」なのですから。

むしろ、前々から学力衰退の下地が十分にあったからこそ、ゆとり教育で授業時間が減り、表面のコーティングがちょっとはがれただけで、ボロボロの中身が見えてきたのです。**ゆとり教育の前も後も、やっていることは、考える学習と呼ばれる「考えない学習」でした。**なぜなら、「考える」とは具体的にどういうことか、だれにもわかっていなかったのですから、本当の「考える学習」などできるはずもないからです。

ゆとり教育の目標は、メッキのコーティング(「読み・書き・計算」の単純作業的学力)の内側にあるべき本当の学力、つまり「考える力」をキチンとつくろうということだったのですが、残念なことに、そのつくり方をだれも知らなかったのです。だから、コーティングだけをはがして、的はずれな時間つぶしをすることになってしまったのです。

その結果、じわじわと進んでいた学力衰退が表面化したのです。

つまり、ゆとり教育の結果が証明したのは、少なくとも「読み・書き・計算」は本当の基礎学力ではない、ということです。

◇子どもにとって「危険な学習」がある

私は二十数年前に、大手塾の大失敗を目の当たりにしました。それは、進学率をあげようとして、それまで小四からだった入塾を小三からにし、ついには小一からにしたことです。

塾生は増えましたが、進学率は上がりませんでした。そして、低学年戦略は学力養成とは関係のない、たんなる塾生の囲いこみ戦略となって、いまにいたっています。

いま、現役の小学校の先生が、かつて塾が試み、大失敗した低学年戦略をご存じないのはしかたがないでしょう。ですが、子どもの反応をよく見ていればわかるはずです。見せかけだけの勉強がいかに有害か、早く気づいてもらいたいものです。

学習には、「危険な学習」があるのです。

ここで、塾の授業に「どんぐり倶楽部」のテキストも使われている二人の先生のブログより抜粋させていただきます（ＵＲＬは二四一ページ参照）。

★こだま先生のブログより

自分の塾をはじめたときに、「計算力の強化」と「考える力の養成」のいいとこ取り作戦でいったのです。だけど、途中で気づきました。「計算力強化」のためにおこなっていた単純計算の徹底反復が、「考えられなくなる頭」をつくっていることを。

それで、二年前から、塾から計算ドリルをいっさい廃止して、いま、本当に順調にいっているのです。子どもたちが「わからない」と言わなくなったからです。

その一方で、子どもたちが解く問題の難易度は、この二年間でどんどんあがっています。ときどき、ふと計算ドリルをしていた時期の彼らのイメージとだぶります。少しでもややこしそうな問題にあたると、自分では全然考えようとしないで、「わから～ん」と叫んでいたあの子たちと。

ですから、単純計算の徹底反復は、仮に自信をつけるためだけであっても、私としてはお勧めできないのです。かつて途中から入った中学生で、「どんぐり倶楽部」の年長さんレベルの文章題が解けませんでした。聞けば、ずっと単純計算の徹底反復の塾に小学校の間、六年間通っていたということです。

ちなみに、学校ではいつも満点近くとっていた、一見、なんの問題もない小四のお子さんは、小一レベルが解けませんでした。

いま、私の塾では、単純計算の徹底反復をやめて、絵解き文章題にかえてから、ひとりの例外もなく、文章題も楽しく解けるようになっています。

★だんきち先生のブログより

「簡単だね～」とこの子たちが言ってくれる日がこんなに早く来るとは思わなかった。四人の新二年生。一番早い子で二月から、遅い子も先月から算数を教えている。もう二年生になるという時期に、5までのたし算を指を使わないとできなかった子たちだ。10までのたし算・ひき算を指を使わなくてなんとかできるようになるまで二カ月かかった。

いま思うと、指を使っちゃいけないことなんかないのに「10までの計算は頭の中ですらすらできないと繰り上がりや繰り下がりになったときに困る」と思っていた。

同時並行でもちろん文章題もやった。計算と文章題をわけて考えていた。文章題では「考えてほしい」のに、計算は「考えないで答えをすぐに出してほしい」という矛盾したことを子どもたちに要求していたことになる。

うまくいくはずがない。

高学年の子どもたちの「考える力」「イメージする力」のあまりのなさに愕然としてもいた。このままでは計算はできるようになっても、高学年になったときに、同じ状態になっていることは容易に想像できた。どうしたものか、と悩んでいたとき、こだま先生の「道草学習」と「どんぐり倶楽部」に出会った。

その日からストップウォッチは手放した。暗算用の計算プリントもいっさい使わなくなった。やるのは一問ずつ、ていねいな筆算のみ。繰り上がりの計算の理解には1円玉と10円玉を使って繰り上がることの意味を毎回確かめた。指を使って計算することもよしとした。そして、この二週間、次々と子どもたちが「わかりだした」。いまは足し算だけど、二桁までの足し算ならどんな計算でもまちがうことなく、筆算でていねいに書いて、できるようになった。「簡単だね～」というのは、初めて二桁同士の筆算に挑戦したときの子どもの言葉。まだ6＋2を指でやっているけど、計算の意味が「わかる」ということとは別のことだとやっとわかった。計算プリントを何枚もやっていたときにはとっても雑だった子どもの字も、ひとマスずつ、ていねいに書くようになっていた。

年長さんのどんぐり問題も3週目になり、自力で解ける子どもたちが出てきた。面倒くさ～い、と言っていた子も、宿題の問題を自分でちゃんと絵を描いて、数字と説明も書きこんでやってきた。「これ自分でやったの？　お母さんに手伝ってもらったの？」と聞くと、「手伝ってもらわないよ。お母さん忙しいもん」今日の問題も自分で考え、つまずいたところも自分で気づき、「わかった！」と答えを出した。

◇わが子の本当の学力を知る

わが子の本当の学力、つまり、一生使える「自力で考える力・工夫する力」の育ち具合を正しく把握できれば、学習の指針はおのずと定まってきます。

チェック方法は簡単です。「頭の健康診断」(二四七ページ参照。「どんぐり倶楽部」HPにて問題・解答・添削例・診断表を公開しています)を全問楽しく解ければ、いまの学習方法は健全で優秀です。結果が悪ければ、再考してください。

知識量や処理速度はいつでも必要に応じて修正・補強できますが、考えるための思考回路作成は、十二歳までしかできないからです。

ただし、解けるからといって有頂天になってはいけませんし、解けないからといって落胆する必要もありません。

ポイントは、「楽しく」取り組めるかどうかです。

考える力が育っていない子どもたちの反応は、全国共通です。年齢や地域差はほとんどありません。

重症なほうから、問題を見るなり、「やだ」「習ってない」「わからない」「どうするの？　たすの？　ひくの？」などと言って、考えようとすらしません。

「文章題に慣れていないから」とか「むずかしいから」ではありません。

考える方法を教えてもらっていないからです。

解けた場合でも、「楽しく」がない場合には要注意です。伸びない前兆だからです。もちろん、努力に比例した通常の伸びはありますが、子どもが本来もっている加速度的な伸びは期待できない状態になっていると考えられます。

また、先行学習をしているのに在籍学年の問題が解けない場合は、その学習方法は「危険学習」であると言えるでしょう。なぜなら、特別な学習などしなくても、子どもたちはふつう全員が在籍学年の問題を楽しく解けるからです。

「計算は完璧だから次は文章題を」ということで私の教室につれてこられたお子さんは、例外なく重症でした。

さまざまな思考回路をつくらなければならない時期に、貧弱な思考回路（暗記・暗算・高速反射）の徹底反復しかしていなかったからです。考えるとはどういうことかさえも、しばらくの間はわからないケースもよくありました。

「計算は得意だけれど、文章題がちょっと……」とよく聞きますが、これは危険信号なんです。あわてて下さい。

「文章題はむずかしいから」ということではなく、異常なことなのです。

「文章題は楽しい」が正常な状態だからです。

文章題が苦手と言う子の多くは、「考える方法」を教わっていないために、考えられないのです。それなのに、「知識が少ないから考えられないんだ」と思いこんでいたり、漠然と「頭が悪いんだ」と感じていたりします。

とんでもないカンちがいです。

もちろん知識がゼロでは話になりませんが、ふつうに生活している子どもであれば、考えるだけの知識は十分にもっています。

「文章題には国語の読解力が必要ですから」などと言われて納得してしまう人も多いようです。そして「読解力が必要だから漢字・本読み・暗唱をやらせなくては」とまったく見当ちがいの方向に進みだす人もいます。

ますます病状は悪化します。

外見は「計算が速く正確」で「漢字もたくさん知っていて書ける」し「音読もスラスラ」できるんです。文章を書かせても、上手に書きます。

ですが、それは高度なサルまねなんです。自分で考えることはほとんどできません。

集中力もあるように見えます。ですが、それは考えない集中力であり、考えないで黙々と作業を続けられるという、幼児・児童期につけてはいけない集中力なのです。

「計算は得意だけれど文章題が……」とは、言い換えると**「人間になるためには当然育っ**

ていなければならない多様な思考回路をつくることをせずに、極端に少ない思考回路を使って何も考えずに高速処理することしかできないように育ててしまった」という場合が非常に多いのです。

ですから、高速計算をやらせる塾を経由して私の教室に来られる方は、「頭の健康診断」の結果を見て、一〇〇パーセント、ショックを受けられます。自分のお子さんの反応に、愕然とされます。教室のほかの子どもたちが笑いながら自分のペースで解いてゆくかたわらで、何もできずに意味もなく見当ちがいの計算を繰り返すからです。

考えられない症状を示している子どもたちのなかでも、高速計算を鍛《きた》えていればいるだけ、プリントをたくさんこなしていればいるだけ、回復させるのに時間がかかりますし、高速計算をはじめた時期が早ければ早いほど、回復が困難です。

自分から絵図を描く、つまり考えようとするのに、六カ月程かかるお子さんもいます。

その子が小三なら、一〇〇パーセント、回復します。ただし、高速計算をいっさいさせないことが条件です。小四なら、それまでにやった高速徹底反復の度合いによります。小五ではむずかしくなります。小六だと、もはや完全な回復は見こめないようです。

中学以上では、残念ながら回復できないと感じています。もちろんそれなりの対処法はありますが、根本的な回復とは異なります。

ですから、「低学年のときには計算と漢字だけでもできれば」と簡単に思わないでほしいのです。思考力養成の臨界期はすぐにやってくるからです。

高速多量学習に代表されるカンちがい学習の行きつくところは、高度なサルまねしかできない短絡思考人間の養成なのです。

どんなに情報・知識があっても、それは水路を行き交う船であって、水路そのものではありません。水路こそが思考回路であり真の学力なのに、知識を学力とカンちがいして、多量の知識を覚えさせることを学力養成と思いこんでいる人がいます。

これでは永久に思考力養成はできません。

そして、子どもたちはたちまち思考力養成の臨界期を過ぎてしまうのです。

米国国立精神衛生研究所の神経科学者 Jay N. Giedd 博士は、十二歳（女子は十一歳）で大脳皮質の活動組織である灰白質の増加はピークを過ぎ、過剰な神経回路網は破棄され、それにともなって灰白質が薄くなることを示すデータを発表しました。

このデータは、「十二歳までに使われなかった思考回路は破棄される」ということの裏づけになると考えられます。

つまり、抽象思考の準備（知識量や処理速度ではなく、多様な思考回路の作成）は、どんなに遅くとも十二歳までに終わらせなければならないということです。

●危険な常識①

よく「計算を大量にやったから弊害が出たのではなく、並行してやらなければいけなかった読書などの読解力養成が足りなかったから理解力がないのだ」と言う人がいます。ガッカリします。

高速計算練習を徹底した子は、例外なく回復に手間取ります。

彼らの本音を聞くと、「考えるのはめんどっちぃ」そうです。

考えない訓練をしているのですから当然の反応です。

また、莫大な量の本を読んでいるのに、考える力が育っていない子どもにも数多く出会いました。

読解力養成のための読書は量ではないのです。意識的に視覚イメージ再現をしているかどうかにかかっているのです（読解力の養成は、「絵コンテ読解」を使えば五分もかかりません。一八一ページ参照）。

●危険な常識②

よく「徹底反復をさせて計算を得意にもさせたいし、文章問題を絵に描いて解かせて読解力を養い、ていねいに解いていく力も育ててあげたい。やり方に偏りがあってはいけないと思います」と言う人がいます。

あぜんとします。まったくの見当ちがいです。

重要なのは手法であり、時期であり、優先順位なんです。赤ちゃんにミルクと離乳食と普通食を同時に与えるでしょうか？「やり方に偏りがあってはいけない」とは、「教育の優先順位を無視しましょう」ということであり、「調味料を入れる順番は関係ない」と言って、最後に入れるべき塩を最初に入れてしまう、料理をしたことがない人の言葉です。

文章問題では「ていねいにゆっくり考えなさい」、計算問題では「考えないで速くやりなさい」では混乱を招くだけです。

「両立」と言うと聞こえはいいですが、「活性化」と同じくらいに注意を要する言葉です。

計算力をつけるのは、思考回路の作成を終えた、十二歳以降にすべきことなのです。

●危険な常識③

反復させるための工夫に、「＊点とれたらスタンプやシールを与え、まちがえた問題を三回ずつ練習して提出したら合格証書を与え、まちがえなければ昇級合格証書を与える」というような方法を考える人がいます。

代表的な工夫のカンちがいです。形だけの「できるだけ人間」、しかも単純な反復作業が「できる」だけなのに、それに価値があると思わせてしまう、有害な工夫です。

大事な「まちがえること（＝多様な思考回路の作成）」をしないほうがいいことだとカンちがいさせる方法であり、幼児・児童期には絶対厳禁のやり方です。

いかに反復させないで修得させるかが工夫の原点なのに、まったく反対の、いかに反復回数を多くさせるか（新しい思考回路作成のじゃまをするか）を考えているのです。

それはもはや工夫ではなく「強制方法のごまかし」という手抜きです。

すべきことは、「一度読んだだけで染みこむように覚えてしまう工夫」「一度書いただけで手が思い出す工夫」「一度感じただけで再現できる工夫」です。

「そんな都合のいい方法、あるわけないじゃないか」と思っていませんか？

あるんです。「どんぐり倶楽部」にはすべてそろっています。

●危険な常識④

学校の授業を想定して予習をさせ、「知っている・見たことがある・聞いたことがある（わかる）→できるかも（自信）→楽しい（余裕）→勉強が好き」という流れを良しとする人がいます。

ところが実際に育てているのは、予想外のことに出会うと対応できなくて、「知らない

↓わからない↓考えようとしない↓できないと決めてしまう」という習慣です。

知らないことのほうが圧倒的に多い世の中で生きていくのに、こんな習慣をつけられたのでは生きてはいけません。

ふだんから「知らない↓なんだろう↓ワクワク」となるようにサポートすることこそが重要なのです。

小学校時代の予習ほど損をする学習はないんです。

学力を低下させる「予習」と効果抜群の「準備学習」の決定的なちがいについては、5章をごらんください。

◇マリオネット症候群に気をつけて

最後に、自力で考えられない「マリオネット症候群」の予備軍ともいうべき実例をあげておきます（どんぐり倶楽部HPの掲示板より）。

娘が二年生のときに自主学習として、どんぐりの文章題を担任に提出していたときの話です（担任の先生が添削してくれていました）。同じクラスで○○式に通っている男の子が、娘の提出した文章題を必ず見ていたそうです。その教室でも学校でも優秀と評判の兄弟（二、四年生）らしいです。【小2向け28】（問題は二四三ページ）を解いた娘のノートを見て、「80÷4＝20ってあるけど、80は4で割れない」と言い放ったそうです。

娘のノートには、クモ1匹の値段が80円だから10円玉が8枚描かれていて、柔らかミミズの4倍の値段だから、その80円を4つに分けて、ミミズ1匹が20円と出していました。立式は「たぶんこうだろうな。だって絵図ではこうなっているんだもの！」という感じで、確信はなかったみたいです。娘はもちろん、まだ割り算を習ってないのですから、わからないんです。「80÷4＝20」の横に絵図が描かれているのに、○○式に通っている子は「式」だけしか見ないんですね。

九九の範囲内でのドリルによる割り算はできても、応用ができない、やはり「視覚イメージする力」がない。どんぐりっこの娘とは視点がちがうんだなって思いました。

娘は、その子がどうして80円を4つに分けることを視覚イメージできないのか不思議で「えぇ〜っ」と驚いたそうです。その子は○○式で四則計算が終わり、当時二年生で分数に入っていましたが、これが「わかったつもり学習」なんだと思いました。でもみんなが、頭がいいんだって！　と言うから、カンちがいをしてしまうのでしょうね。

2 なぜ子どもたちは考えなくなるのか

◇「考えない習慣」をつける教育

あるとき、「考える力は机上で育てるようなものではない」と言われました。同感でした。

ですが、異常な数の「自力で考えることができない子どもたち」を目の当たりにして、緊急事態なのではないかと思うようになりました。

子どもたちはだれもが考える能力はもっています。ところが、考えようとしない。

子どもたちは考えることができないわけではない。ところが考えようとしないのです。

本音を聞くと、「面倒だから」「習ってないから」「わからないから」。

つまり、「勉強」になると「考える気」にならないのです。

じつはこれは異常なことなのです。**「考えない習慣」をつけられているのです。**

考える本能を封印されて育っているのです。

もともと、人間は考えることを楽しく感じるようにできています。子どもたちも、遊んでいるときには、あれこれ工夫したりして、楽しく考えています。

ところが、勉強になると、楽しくないのです。だから、工夫しようという意志がはたらかないのです。

この現象は、楽しくない手法、つまり**考えない方法で学習させられていることが原因となっているようです。**

考えないで解いてしまう、解けるように育てられてしまっているのです。

十二歳までの勉強が、楽しく考えられるものでなければならないのには理由があるんです。

ところが、現実には、「考える具体的な手法を教えてもらっていない」「考える楽しさを味わっていない」「考えることを評価してもらっていない」「考えなくてもやっていけるようになっている」「考えなくても味わえなくてもわかっていなくても、できさえすれば評価対象になる」。

これでは「考える気」にはならないのがふつうです。

ところが多くの大人たちは、「学習方法」そのものの検討はせずに「できるようになればどんな方法でもいい」と思っていたり、「続くか続かないか」「楽しいか楽しくないか」程度を目安に、手近な学習を導入している場合が多いようです。

学習習慣には「考える学習習慣」と「考えない学習習慣」があるのですから、「学習方法」そのものがきわめて重要なのです。

◇「カンちがい学習」の恐ろしさ

もちろん、「考えられない子ども」を育てようと思って教育している人はいないでしょうが、**もっとも危険なカンちがい学習である「徹底反復」「高速単純計算」「大量暗記」**について書いておきます。

スポーツや楽器演奏などでは、正確に制御することがむずかしい肉体を高速で正確に制御する必要がありますから、無意識にでもコントロールできるように反復練習をする必要がありますし、そうする意味もあります。

しかしながら、計算のように、純粋な思考の一部であることについては、無意識にできることに意味はありませんし、成長過程の脳にはむしろ悪影響が大きいのです。

ためしにご自分で、加減乗除、さまざまな計算をやってみてください。**どんなに複雑な計算でも、使っているのは「10の補数と九九」というすでにもっている思考回路だけ**だとおわかりになると思います。

日常的に単純な回路ばかり使っていると、新しい思考回路の作成がさまたげられてしまいます（どうも、単純思考は複雑思考を抑制する作用があるようです）。

ですから、計算練習は、手順を忘れない程度に、最小限にすべきなのです。

「でも計算は基本ですから」と言う人がいます。

たしかに計算ができなくては困ります。ですが、高速でできる必要も、暗算でできる必要もありません。

さらに大事なことは、高速計算練習のために時間を費やしている時期、**とくに小学校低学年というのは、一生に一度しかない、貴重な脳内進化の時期なのです。**

小学校低学年という、多様な思考回路をつくれる貴重な時期に、もっとも単純な思考回路の強化にしかならない「暗記・暗算・高速反応」の練習をしていては、どんなに能力のある子でも、思考力の養成がむずかしくなるのは当然だと思われます。

ところが、「じゃあ、ソロバン暗算ならどうですか？」と言う人がいます。

ソロバンは、構造（計算の仕組み）が単純であるがゆえに、計算機としての原理はすぐれていますし、後世に伝えていきたいものではありますが、幼児・児童期の学習にはまったく不要ですし、万が一、習わせる場合には、細心の注意が必要です。

文化や芸事と割りきって学ぶのならけっこうですが、「計算が速くできて宿題やテストで楽だから」という理由ならば、おすすめできません。

なぜなら、ソロバン暗算は、一〇種類の視覚イメージを使うだけの単純思考ですので、どんなに練習しても、単純思考回路の強化しかできないからです。

左図がソロバン暗算で使う一〇種類の視覚イメージです。この視覚イメージをどんなに高速に操作できても、計算結果だけは出ますが思考回路の作成はできません。

ソロバン暗算で使う 10種類の視覚イメージ

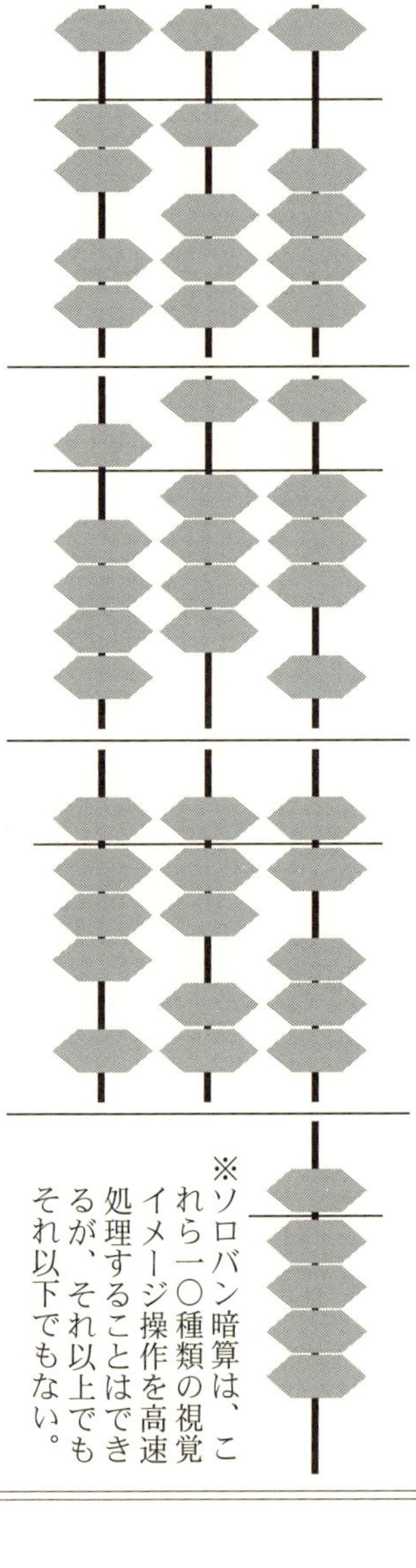

※ソロバン暗算は、これら一〇種類の視覚イメージ操作を高速処理することはできるが、それ以上でもそれ以下でもない。

繊細で敏感な成長途上の脳は、複雑な思考回路をより単純な思考回路をより簡単に強化し、同時に複雑な思考回路が使われる頻度を減少させ、簡単に消してしまうのです。

ときどき、ソロバン暗算は視覚イメージを使うので「一流のスポーツ選手と同様に頭がよくなる」との発言を耳にしますが、まったくのカンちがいです。一〇個の視覚イメージ操作をどんなに高速にできても、新しい思考回路はひとつも増えないからです。

一流のスポーツ選手に「頭がいい」人が多いのは、ケタちがいの量の多様な視覚イメージ操作を要求されつづけているからです。

つまり、**計算にかんしては、幼児・児童期にはスピードよりも、心地よい一定のテンポで数少ない良質の計算練習をするのが、健康で賢い脳の育て方なのです。**

それでも、なお、「無意識に計算できるようにすれば、じゃまにはならないからいいんじゃないの？」と言う人もいます。

徹底的に計算練習をしていると、あるときを境に急激に計算が速くなります。

これは、脳が、判断を加えないで機械的処理を実行してしまう回路をつくったときに起こる現象だと考えられますが、この回路は、十二歳以前には絶対につくってはいけないものです。

「考えなくてもできる」→「考えないでいい」→「考えるな」→「考えられない」

となるからです。

人間には、できても（稼働させることが可能でも）開発してはいけない能力があるのです。

いまは早期教育をしていなくても、○○式に通っていなくても、小学校の授業と宿題だけで計算づけ（ドリルづけ、マス計算づけ）になってしまいます。

九五パーセントが危険な計算問題で、五パーセントが計算をすれば答えが出る文章題（考える必要のない、計算とほとんど同じ文章題）では、がんばる子ほど才能はつぶされてしまいます。これは、非常に危険な状態です。

◆完璧主義の悪循環

多くの人が、「基礎をしっかりやっておかないと次に進めない・進んではいけない（次に進んでもわからない）」と思いこんでいるようです。そして、学校の先生までもが検証もしないでそう信じているようです。

こういう人たちは、「徹底反復」が基礎づくりになるとばかりに、むだな反復を徹底させ、貴重な時間とエネルギーを消耗させ、勉強を苦痛なものと思わせ、子どもの才能をつぶしている危険性があります。

大きな原因は、「基礎」の取りちがえです。

基礎とは簡単なことがすばやくできることではありません。基礎とは、「何にでも応用のきく、根本的な考え方をマスターすること」です。

基礎の意味を知らずに基礎が大事だと言っているヘンテコリンな人たちが異常に多くなったのは、基礎を教えられずに教育者になってしまった人が多いからでしょう。

さらに、目の前の無意味な評価にとらわれて、不要なことを必要だと言いはる人も少なくありません。

たとえば、小学校低学年で「足し算・引き算をすばやくできないといけない」と思っていませんか？　まったく必要ありません。

掛け算（筆算）の中には足し算（筆算）が組みこまれていますし、割り算の中には掛け算と引き算（筆算）が組みこまれています。

つまり、足し算や引き算は、低学年で習熟せずに、掛け算や割り算を学習するときにキチンと筆算をすることで自動的に「むりなくむだなく効果的に」習熟できるようになっているのです。

「掛け算がすばやくできるように足し算を完璧にしておく、割り算がすばやくできるように掛け算や引き算を完璧にしておく」というと、もっともなように聞こえますが、じつはこの行為は、手抜き学習（筆算をキチンと書かない）をさせるための布石にすぎません。

掛け算・割り算をキチンとていねいに筆算ですることを考えると、「徹底反復」という学習方法は、すべてむだな作業の強要だとわかります。

そして、当然のことながら、この「徹底反復」は計算を「飽きた・いやだ・退屈だ・苦痛だ・面白くない」と感じさせます。

しかも、真面目にやっていればいるだけ、その弊害は大きくなります。

被害者は子どもです。

そして、思考力養成のための時間は永久になくなってしまいます。

低学年での徹底反復は、「やらせなくてもいい」ではなく、「やらせてはいけない」のです。だから、本質的な工夫（5章参照）が必要なのです。

◇反復学習させることの危険性

また、忘れないように何度も復習させる人がいます。

本末転倒です。なぜならば、いったん忘れないと、もっとも大切な「思い出す練習」ができないからです。

私たちは自然に自動的に記憶（記録）することができるようになっています。

あらゆる学習において大事で効果的なこととは、「表層に記憶しつづけること」ではなく、「（自然に簡単に）深層に記憶したものを、いかにして思い出す（ひっぱり出す）か」なのです。ですから「ずーっと覚えているように、何度も復習する」のは、むだが多く、効果的な学習方法ではないのです。

「思い出す練習ができるように、忘れてしまう」ことが大事なのです。

また、忘れることを恐れて覚えておくことに使うエネルギーは莫大な量になります。ところが、そのエネルギーはほとんどがむだなのです。まさに、筆算ができれば（「10の補数と九九」以外の）暗算はまったく必要ないのに、何百何千というむだな暗算を日夜練習させている、的はずれ学習の代表例と同じです。

どんぐり倶楽部HP掲示板から例をあげておきます。

小一の娘の母です。先週、年長用の問題からはじめました。

もともと絵を描くのが好きな娘は、カラーペンで楽しく描いて解いており、いい教材に出会えてよかった！　と本当に感謝しております。

ところが昨日、おかしなことがありました。昨日の問題【年長向け08】です（二四二ページ参照）。

娘は絵も描かず、適当に式を書き（3＋3＋3＝9）、それで出てきた答えと、聞かれている答え（なんにちめ）がちがうから、そこで、はてな状態となり、まるっきり「考えていない」んです。

前日まで調子よくやっていたのになぜ？　と思って「今日の算数の時間、何を勉強していたの？」と聞くと「とってもがんばったんだよ〜」とノートを見せてきました。見てびっくり。四〇題もの足し算、引き算が……。これを算数の五〇分授業で全部やったのか？　それとも学活の時間までやっていたのか？　疑問はぐるぐる頭をめぐりましたが、娘の調子が悪くなった理由は明白。これにちがいありません。

本当に毒になるんですね。実感しました。

考えることと単純処理能力とが相容れないことの一例といえるでしょう。

◇幼稚で残忍な犯行はなぜおこるか

唐突ですが、「幼稚で残忍な短絡的犯行」と呼ばれる事件が、かれらの受けた「教育」のせいだとしたら、恐ろしいと思いませんか？

そんなはずはないだろうと思われるかもしれませんが、私はおおいに関係があると考えています。

「幼稚で残忍で短絡的」、これは子どもの正常な特性です。つまり、そのような事件を起こす人たちは、頭の中が子どものまま、体だけ大人になってしまったのだと考えています。**脳が正常に成長できなかったのであり、ヒトから人間になっていないのです。**

大人になっていないとは、「人間的な判断力を含む、思考力が育っていない」ということです。

このような未成熟な脳は、異常な情報に触れても何の判断も加えることができずに、その情報を無批判に入力してしまい、最悪の場合は、その情報にしたがって動いてしまいます。

現代は、親の時代とはくらべものにならないほど、悪質な情報が大量に飛びかっています。それらは、未熟な脳をまひさせる（あるいは洗脳する）には十分です。

だからこそ、現代は、いままで以上に確かな成熟した脳（頭）が必要なのです。

したがって、もっとも有効な防衛手段は、「成熟脳」を育てることなのです。

十二歳までの脳内単純作業は、人間らしい思考力、判断力の養成をさまたげる可能性があります。十分に注意してください。

計算・暗記・高速反射練習といった脳内単純作業をやらせて思考力養成の機会を奪い、

「幼稚で残忍で短絡的」なことをするように育てておきながら、「幼稚で残忍で短絡的」な犯行がおこるたびに、「原因がわからない」と言っているように私には聞こえます。

よく考えない、ゆっくり考えない、ひと呼吸おかない……このようなことを日常的にしていれば、それは性格になってしまいます。

幼児・児童期にスピード教育をされた子どもたちは、「ゆっくり」だと落ち着かなくなります。幼児・児童期に要求されたスピードが基準になるからです。

そして、その基準に合わせるために、考えないようにするのです。これでは、考えられない大人になるのは当然です。

未熟な脳は、非常に不安定な感情がうずまいています。ですからホラー映画など人間の本能を刺激して感情を動かしてしまうものにたいしては、無判断的に快感を感じてしまいます。

というのも、快感は感動に付随したものだからです。そして、感動とは、さまざまな種類があって、感情が動けばそれが感動になるのです。うれしくても、悲しくても、怖ろしくても、感動してしまうのです。そして快感の素地をつくってしまうのです。

成熟した脳・永久脳にとっては娯楽でありうるものでも、未熟な脳・乳脳には強力な洗脳材料となってしまうのです。

◇見せない教育の重要性

私は拙著『新・絶対学力』でこう書いて注意をうながしました。

視覚イメージは言葉と切り離されて保存されているのです。したがって、教育の現場では視覚イメージが一人歩きする場合があることを考慮しておく必要があります。判断力が育っていない子どもに悪い例を見せると、悪い例の「悪い」がなくなって、ひとつの「例」として保存されてしまいます。言葉よりもイメージのほうがより直接的であり、影響力が強いためです。……そして、体はその再現イメージを無意識に真似するのです。最悪のイメージトレーニングです。

ところが、相変わらず教育界は危険な道をまっしぐらに進んでいます。

いま、日本の教育は非常に危険な状態にあると思います。

たとえば、安易な調べ物学習も要注意です。調べ物学習をさせる前に「子どもに見せてはいけないもの」が山ほどあることを知っておくべきです。

情報には、脳内進化が完了するまでは入力してはいけないもの（とくに視覚情報）があるからです。

具体的には、テレビのニュース番組は見せないほうがいいでしょう。新聞なら大人が目を通してから与えることもできますので制御できますが、テレビは映像内容を前もって知ることはできません。また、異常なことのほうが圧倒的に多いのがニュース番組であることも、見せないでほしい理由の一つです。二〇〇五年六月二十七日のニュース番組では、「鳥インフルエンザに感染した鳥を蒸気で処理する映像」「バンザイクリフから飛び降りる映像」が連続して流れていました。

情報としては正しく、さまざまな説明もつけられてはいましたが、これらは「殺害」と「自殺」の映像です。これを見た子どもの頭には、説明と切り離された映像だけがありありと残ることになるのです。

ですから、少なくとも小三～四までは、テレビのニュースは見せないと決めたほうがいいでしょう。ふつうの番組は内容によって選択できますが、ニュースは何が出てくるか予想しづらいからです。感覚のまひを防ぐためにも、九歳まではニュースは見せない、十二歳までは厳選して見せることをおすすめします。

以下に、危険な対象物をあげておきます。

①テレビニュース——もっとも注意しなければなりません。

非日常的なことが多く、異常な様子の映像が多い。人間的な感情の流れに関係なく高速で情報を入れられるため、映像だけが頭に残ってしまいます。短い時間に「殺人」「自殺」「放火」「売春」「強盗」などの映像が流れ、「特集」や「再現映像」まであります。「ニュース」は学習材料になると簡単に思ってはいけません。厳選して見せなければ、殺人に興味をもたせたり、危険な好奇心をあおることになります。

②調べ物学習――情報を集めるという作業を勉強そのものとカンちがいします。

③氾濫しているホラー映画、内容の過激な雑誌・コミックなど。

3 「考えられる子ども」を育てる！

◆「考えない習慣」をつけていませんか？

形だけ学習習慣をつけても、それが「考える学習習慣」でなければ時間の浪費です。ましてや、「考えない学習習慣」をつけているのであれば、悪影響ははかりしれません。

ですから、「机にむかっていること」「宿題をしていること」を単純に「学習習慣」だと考えていては、取り返しのつかない事態になる危険性があります。

正常な思考力を養成するには、九歳までに多様な思考回路を十分につくり、十二歳までにそれを十分使いこなせるようにするしかありません。

それなのに、正反対の、数少ない思考回路（漢字や計算）だけを強化（徹底反復）して結果的に思考力の養成をさまたげているご家庭が非常に多いことを危惧しています。

そこで、だれもがむりなくむだなく効果的に思考力養成ができる「学習教材」がどうしても必要だと思い、さまざまな仕組みを考えて「良質の算数文章問題」をつくりました。見た目は算数の文章題ですが、その効果は全教科に波及します。あらゆる学習の共通学力である「思考力」を、だれもがもっとも得意とする視考力を活用してかんたんに養成できるからです。

昔は「思考力を養成するための問題」などありませんでした。ですが、「考えられる子ども」はいまよりもずっと多かったように思います。それは、子どもたちが育つ環境がいまよりも格段によかったからだと考えられます。遊びや生活様式が、日常的に工夫を要求していたからでしょう。

とすると、現代において、思考力養成ができにくい大きな原因は、子どもが自分で工夫する環境を奪われているからだと考えられます。

この傾向は、遊びや生活面のみならず、学習面でも同様に起きており、いまやきわめて危険な状態にまでいたっていると感じています。

「〜すればいい」「〜できればいい」「速いほうがいい」「アレをこうしなさい」……では、自分で楽しく工夫することは不可能ですし、する気にもなりません。

また幼児・児童期に、「できた」「できない」という結果のみを対象として、工夫そのものを対象としない評価を加えられていると、わざわざ工夫したいと思わなくなるのがふつうです。

しかしながら、**思考回路は「工夫すること」でしかつくられません。**

ですから、現代は、子どもの思考力養成が自然にはできにくい状況になっているのです。

教育関係者がこの異常事態に気づいていないこともまた危険だと言えます。

さらに、「意欲が大事だ」とか「やる気が大事だ」とはよく言われますが、どうして「意欲」や「やる気」が大事なのかは明確にされていなかったように思います。まだまだ「できればいいんじゃないの？」「速いほうが優秀なんでしょう」という危険な考えが多いのも、このあたりがあいまいだったからではないでしょうか。

幼児・児童期の学習が「（教えられて・させられて）できてもダメ」で「主体的」でなければいけないのは、**主体的でなければ、自分自身で自在に使える多様な思考回路をつくりだすことができないからです。**

思考回路は教えられてできるものではなく、自分でつくりだすしか方法がないのです。教えられて身につけてしまうと、パターンの一つとしては使えるようになりますが、本人がしたことは「暗記する」というもっとも単純な一つの回路を使っただけだからです。

パターン学習では、どんなにたくさんのパターンを修得しても、本当の学力――自分でつくりだした思考回路——を育てることはできず、与えられた課題をパターンにしたがって処理する、創造力のない指示待ち人間を育ててしまうのです。

いわゆる「マニュアル人間」ですが、私は「マリオネット症候群」と呼んでいます。

意味がないのに（意味を見出せないのに）できるからする、できるようになるためにする、という感覚は、

「意味がなくてもできるからする」→「意味はいらない・できればいいんだ」→「すべきかどうかの判断は無用」→「判断しなくていい」→「判断できない」

という最悪のルートをつくります。

脳の回路の組み立てが終わってしまった大人ならば、それでもけっこうですが、脳が発達途上にある急成期には、絶対にしてはいけないことなのです。

「できるようになればいい」というのは、非常に危険です。

この「できればいい」と同じくらいに危険なのが「自信をもたせるために計算だけでも漢字だけでも……」という考えです。

そんなガラスの自信をもってもらっては困るんです。この時期に子どもたちに与えられた自信は、一生の自信になるものです。計算が速くできることや漢字をたくさん知っていることを一生の自信にさせてしまうくらいなら、何にもさせないほうが格段にステキな子

どもに育ちます。

本当の自信は、だれもがもっている視考力を自在に使うことができるように育てることで養成すべきなのです。視考力は万能ですから、真の意味で一生の自信になるからです。

◇「考えない学習」はさせない

子どもたちは本来、「考えることを楽しむ能力」をもっています。

ところが、**「考えない学習」を幼児・児童期にしていると、その「考えない学習」が環境となり、環境に適応するために「考えない頭」に成長します。**人間の本能である環境適応の結果です。

ですから、もっとも注意すべきは「考えない学習はさせない」ということなのです。

脳は低次機能から高次機能へと、順番に部分ごとに成長を続けます。そして、最長でも十二歳を境に思考回路の作成は終わり、それまでに使われなかった回路を消し去り、エネルギーを効率的に思考回路の使用にまわせるようにします。

「悪貨は良貨を駆逐する」と言いますが、学習も同じです。

一生に一度しかない思考回路作成の時期に、単純な回路を反復使用させていると、新しい思考回路の作成機会が激減し、遊びや趣味などを通してせっかくつくられた回路さえも、使われることなく消去対象にされてしまうということです。

そこで、理想的な家庭学習の方法を紹介しておきます。

時間があってもよけいな学習はさせないことが学力養成のカギですので、くれぐれも「時間があるから子どもに何かをさせよう」とは思わないでください。

※ただし、中学受験を考える場合には、保護者は三年前より準備し、本人は小六（受験校によっては小五）の夏から学習内容を変えていきます。くわしくは6章参照。

①一桁同士でも筆算を書きおこす、数少ない良質の計算問題（一日一～二題）

②一回の書きで覚えてしまう、工夫された漢字学習（一日一～二文字）

③必ず絵図で考える、一週間に一～二題の「良質の算数文章問題」

※できれば、小三までの「読み聞かせ」と「これだけ算数・計算編」を一週間に一枚

以上、三点です。

ただし、幼児・児童期には、計算は筆算であれ、つねに「デンタくん」（一二一ページ参照）をイメージしながら、ストレスを生まないように自分のテンポで少量の問題をてい

ねいにすべきです。

無意味な習熟とスピードを求めてしまうと、視覚イメージを意識しなくなります。これでは思考力の養成にはなりません。

①〜③の詳細については5章で説明しますが、これ以外の時間はすべて、好きなことを徹底的に楽しむことが、本当の学力養成になります。体を動かし、人間を含めた自然を相手にした遊びがもっとも効果的です。

自然相手の外遊びがいい理由は「健康によいから」ではなく「本当の学力の素となる視覚イメージ操作をする機会が自然に生まれるから」です。

ただし、ただ遊んでいればいいということではなく、**「主体的であること」「時間を自分で制御できること」「豊富な視覚イメージ操作を要するものであること」**が条件です。

習い事でも受け身的なものでは効果はほとんどありませんし、テレビゲームや携帯ゲームなどのように体感をともなわないものや個別反応しないものは楽しくてもダメです。

また、本人が自ら味わうことができない一方通行のもの（テープやCDの垂れ流しなど）はまったく効果がありませんし、双方向性があっても、人間的な個別対応をしてくれないものもおすすめできません（十二歳をすぎれば、使い方次第では有効です）。

読書はマンガでもけっこうですが、アニメは時間を制御できませんので思考力養成には向きません。もちろん純粋に楽しむのはいっこうにかまいませんが、鑑賞時間には十分注意してください。

また、三点のなかに「音読」が入っていないこともポイントです。

古典に親しむ意味でも「論語」や「百人一首」などの暗唱はいいのでは？　とよく聞かれますが、それは二次的なことであり、少なくとも十二歳までの脳内進化時期にしなければいけないことではありません。

思考力養成の時間が十分に確保できており、順調に進んでいる（たとえば「良質の算数文章問題」を楽しみながら解ける）場合にのみ、追加してもよいことです。

しかしながら、その場合にも「遊び」のほうが学力養成にはなります。

古典の音読・暗唱は実感をともないにくいので味わえない場合が多く、知識の集積で終わることがほとんどだからです。

さらに、知識の集積は思考回路の作成が終わってからでないと、効果がないどころか、誤った自信を生むこともあるので要注意です。

音読・暗唱などよりも、小三までの「読み聞かせ」のほうが格段に重要であることは言うまでもありません。

なぜなら、読み聞かせは、子ども自身が読むことに使うエネルギーを視覚イメージの再現に使えるようにできるからです。この視覚イメージの再現を意識的にさせることが、絶対基礎学力の養成になるのです。

ここで、よく話題にあがる、「習熟に時間がかかる」と言われている項目についてふれておきます。

読解、作文、暗算、式の変形、単位換算、分数の割り算、通分……とありますが、どれも十五分ほどあれば消化できます。

読解は「絵コンテ読解」、作文は「絵コンテ作文」、暗算は「デンタくん」、式の変形は「視算の力」、単位換算と通分は「イメージフィックス法」、分数の割り算は「お宝算」で、それぞれ5章で説明します。

◇プロセスが大事な理由

小学校時代の学習は、すべてが過程のつくりこみであるべきです。

さまざまな思考過程で大量につくりだされる多様な思考モデルを小脳に写し取らせることでのみ、思考力の養成ができるからです（小脳の働きについては後述します）。

「何かをした・何かができた」ではなく**「いかにしたか・どのようにしたか・どれだけ工夫したか」がすべてなのです。**

したがって、宿題も過程のわかる（見える）宿題でなければ、学力養成はできません。過程が見える宿題を出すと、子ども自身が過程を意識できるからです。

計算一つにしても、答えだけ書きこむのは論外ですが、過程の見える筆算なら、学力養成になるのです。しかし、計算自体は「10の補数と九九」の反復という同じ思考回路しか使わないので、するにしても一日に一、二問（文章問題の中でできるので、しなくてもいい）が適当なのです。

計算ドリルを毎日させる理由は、「学校でドリルを購入しているから」という消極的な理由とは別に、「運動と同じように基礎は徹底反復すべきだ」という妄信があるからではないでしょうか。

運動時に頭の中でイメージした動きが完璧にできるとしたら、徹底反復練習の意味はあるでしょうか？　いっさいありません。完璧にできるのなら練習は不要なのです。

体の制御はふつう最初からイメージ通りにはできません。だから反復練習が必要になるのです。できないから反復するのです。

ところが、思考はちがいます。

視覚イメージ操作そのものが思考なのですから、最初から完璧なのです。完璧なものに反復は不要なのです。

これを体の制御と同じと考えて、反復によって基礎力を育てようとするのは、時間の浪費でしかありません。すでに完璧に歩けるのに歩き方を反復練習しているのと同じです。

しかしながら、**多くの小学校で危険な反復練習が宿題として出ているのが現状です。**

このような宿題対策として、次のような解決方法があります。

あるお母さんが子どもの担任の先生に出した手紙です。

いつもお世話になっております。じつは、お願いがあります。たいへんずうずうしいお願いかと思うのですが、耳を傾けていただけますでしょうか。

本日から単純計算のみ二〇題のプリントが宿題に入りましたが、わが子にはこのような宿題を免除していただきたいのです。（中略）単純計算問題の宿題をやらないことで息子の算数能力が落ちましたら、私が全責任をとりますので、どうぞよろしくお願いいたします。

そして、先生からの返事は、「教務主任や校長にも確認をとりましたが、宿題は配らないわけにはいきませんが、保護者さんのほうで考えて対応してくだされぱよい、ということですので……」というものでした。

その他にも報告例は多数あります。

- 新年度がはじまり息子の担任が変わりましたが、新担任にわが家の教育にたいする方向性をお話ししましたら、とても共感していただけまして、宿題の変更を快く了承していただけました。
- やっと担任の先生から宿題は個人差があるとのお返事がいただけました。毎日連絡帳に書いてこうさせますと書きつづけた甲斐がありました。宿題は、家庭学習は宿題だけという想定で出しているそうです。家庭訪問のときお話ししたことがようやく伝わりました。
- 新しい先生に、連絡帳で宿題ドリルをどんぐり問題に変更させていただけるようお願いすると、あっさり承知してくださいました。

こうやって、自分の子どもを守るんです。

宿題は、ただするものではありません。本来、宿題は個別対応が原則なんです。

◇十二歳までは速くてはいけない

繰り返しますが、思考とは、具体的には「視覚イメージ操作」のことです。

では、新しい視覚イメージ操作を修得するときに、人はどうするのか、具体的に考えてみましょう。

たとえば、すべての「動作」は、「視覚イメージの後追い」です。ですので、「新しい動きの修得」＝「新しい視覚イメージ操作の修得」＝「新しい思考回路の作成」となります。

ふだんしない、新しい動きをしようとしてみましょう。日常的にはしないことをしてみると、明確に意識できます。後ろ向きに部屋の中を歩くとか……。

どうでしょう。速くできますか？　できませんね。また、動く前に視覚イメージの再現・操作をしないで動けますか？　動けないんです。

つまり、**何事であれ速いということは、既存の回路しか使っていない証拠です。**

これは思考でも同じです。

そして、もっとも速い動きが「反射」です。つまり、反射（＝高速反応）は、新しい回路を何一つつくっていない、ということになります。

ですから、**幼児・児童期には、「速くてはいけない」のです。**

幼児・児童期の知識量やスピードは、思考回路の作成をさまたげることがほとんどです。

しかし、見栄えが良いので、ついつい「学力が高い」と思ってしまったり、「頭の回転が速い」とカンちがいしてしまいます。

そして、知識やスピードにとらわれているうちに、思考力養成の臨界期を過ぎてしまうのです。

そのときになって、「考える力がない」とあわてても、もはや手遅れです。カエルになった後でオタマジャクシのときの細胞分裂をさせようとしても、不可能だからです。

習熟とは、高速で何かができることではありません。応用できることです。速さは関係ないのです。なぜなら、子どもはそれぞれ子ども独自のテンポ（拙著『子育てと教育の大原則』で説明した「第一個性」）をもっているからです。

その子独自のテンポにあったスムーズな速度でできることが習熟です。つまり、自分のテンポでよどみなく（トツトツも一つのテンポ）できればいいのです。

だれもが音読で「スラスラ」を目指すなんて、こっけいです。どんなに速く読めても視覚イメージ再現ができていなければまったく無意味ですし、トツトツでもキチンと視覚イメージ再現ができていれば、まったく問題ないからです。

計算もそうです。ゆっくりでいいから、筆算がキチンとできていればまったく問題ありません。また、自信や達成感をもたせられればどんな方法でもいいわけではありません。幼ければ幼いほど、方法（過程）が大切なのです。なぜなら成長過程にある子どもは吸収力があるだけに、方法そのものをもまるごと吸収してしまうからです。

手抜きをすれば手抜きをすべてマスターします。見当はずれの無意味な（価値のない）達成感（快感）を味わった子どもは、無意味な行動でも達成感（快感）を得るために反復するようになってしまいます。

達成感そのものが目標になってしまうと、目標の意味や価値を考える必要を感じなくなり、不毛な行動をとっても平気になってしまいます。

ですから、反射的な単純作業の反復は、必要最低限とすることが肝要なのです。

幼児・児童期の教育の手抜きは一生を左右します。

学校レベルでの教育改革を待っている時間はありません。**「考える力・絶対学力」を育てる家庭学習をお願いします。**

一週間に二時間だけ、お子さんのために時間をつくってください。思考力養成は保証します。四人の子どもがいても、一週間に一日（そのうちの八時間）で大丈夫です。

一年は五二週です。「良質の算数文章問題」を年間五二題で大丈夫です。年長から各学年一〇〇問ずつありますが、すべてをする必要はありません。

一週間に一題、お願いします。

◇パターン学習は十二歳を過ぎてから

十二歳で思考回路の作成は終わり、それまでに使われなかった回路の下絵（設計図）は破棄されてしまいます。

ここからは、情報です。

自分で考えるために必要で、有効な情報を、どんどん入力しなければなりません。

この段階では、パターン学習でさえも力になります。なぜならば、さまざまな思考回路をもっている者にとっては、パターン学習のパターンは、すでにもっている回路のほんの一部でしかなく、その回路を強化することによる悪影響がない（＝他の回路の消滅を誘発しない）からです。

ですから、十二歳を過ぎた受験は、本人の心構えができていれば、大いに活用すべきなのです。ただし、本人の意志ですることがもっとも効果的であり、成果もでますし、副作用もありません。

教育の本道、「ヒトを人間に育てあげること」を無視して、ただ「できる」、あるいは「成績を上げる」ようにすることは、じつは簡単なのです。どんなに悪影響があろうとも、副作用が強くても、手段を選ばないというのであれば、手法はとうに確立しているからです。それが、早期からのパターン学習の徹底反復です。

ですが、それは教育ではなく「調教」ですので、「ヒトを人間に育てあげること」はできません。「人間らしい判断力」を含む思考力の養成ができないからです。

パターン学習は、十分な思考回路をつくりおえた後で、かつ十二歳を過ぎてから、必要に応じてすれば害はありませんが、十二歳以前には致命的な悪影響を与えます。

多様な思考回路の作成こそが「応用力」を育てるからです。

応用とは、まったく新しい回路をつくりだすことではなく、既存の回路を組み合わせたり、ふだんあまり使わない回路を使ったりすることだからです。

ですから、**十二歳までにつくった思考回路の種類の多さが応用力そのものになるのです。**

大事なのは知識量やスピードではなく、「多様な思考回路」だということです。

◇すでに十二歳を過ぎている場合

高校受験を控えた中学生の保護者から、よく「手遅れでしょうか」と聞かれます。

多くの場合は成績が悪い、思うように伸びない子どもにかんする相談です。

私は「手遅れです」と言うことにしています。そして、子どもがそれまでにしてきた遊びや趣味について聞きます。どんなことが好きで、どれだけ没頭してきたかを聞きます。何歳頃までのびのびと本人がやりたいことをやってきたか、やらせてあげたかを聞きます。成績や読書量や計算能力などはいっさい聞きません。

それから、子ども自身と三〇分ほど面談します。これも勉強の話ではありません。勉強はしていないのですから、勉強の話や成績は参考にならないからです。

この時期になると、目標は高校受験ですから、すべきことは決まっています。残されている時間も決まっています。すると、すべきことは、子どもの思考回路がどれくらい育っているかを確認して、どれくらいの時間を使ってどこまで消化できるかを、子どもの理解力を判定しながら確定し、計画を立てることになります。

幸いなことに、成績がふるわない子は、何か勉強以外で熱中するものをもっていたり、よく遊んでいたりしますから、それなりの思考回路をつくってきています。本人も気づいていないのですが、その思考回路を勉強用に意識的にシフトさせれば十分に使えるのです。ここでも、十二歳までの思考回路作成時期にどんな過ごし方をしてきたかが重要になるのです。

この時点で、どこまで伸びるかがおおかたわかります。ですから、本人の覚悟次第で、志望校の合否もおおかたわかります。

思考回路をこれ以上増やせないという意味では「手遅れ」なのですが、すでにもっている思考回路をフル活用することで、成績は学習時間と比例して最大限まで伸ばせます。ただし、自己流ではダメです。そんな時間はありません。もちろん、パターン学習が中心になりますが、解法パターンの暗記はさせません。「なぜ、そういう解き方をするのか」という「考え方のマスター」が中心です。いちばん応用がきくからです。

問題レベルはすべて入試レベルにし、徹底的な設問解釈を加え、入試問題を解くなかで基本事項の解説もします。

つねに目にする問題のレベルを入試レベルにしておくことが、非常に大事なのです。

暗記物は「語呂合わせ」と「イメージフィックス法」（一九七ページ参照）を使い、過去問をフル活用します。公立の場合は全国四七都道府県公立高校入試問題をすべて（理社は全問、英数国は一部）使います。

もちろん、全員が同じ進度ではありませんし、学習方法も変えていきます。思考回路が極端に少ない子もいるからです。この場合は暗記物での点数獲得に消化内容をシフトしながら残り時間をにらんでの学習になります。

受験用のワザはいくらでもありますので、どんな子でも成績は学習時間と比例してMAXまで伸びます。

受験のときにすべきこと、すべき方法はすべて決まっています。子どもに合わせたアレンジ方法も決まっています。ですから、受験指導は簡単なのです。ですが、それらが活用できるかどうかは、子ども本人が十二歳までにどれだけ自分でつくりあげた思考回路をもっているかにかかっているのです。

受験学年ではない中一・二の場合には、もう少し手直しができます。学校の教科書を使って視考力の使い方を教えていく時間がとれるからです。手法は小学生と同じです。材料は異なりますが、使う力は同じなのですから、手法も同じになります。

ただし、ここでも時間の制約を考えながら、サポート方法を小学生とは変える必要が出てきます。パターン学習を視考力を使って自分のものに消化させるようにアレンジしてやることで、「むりなくむだなく効果的な学習」が可能になります。

私の専門分野ではありますが、本書の主題ではありませんので詳細は割愛します。壊滅的な状態であっても、受験には何の問題もありません。

4 「視考力」という絶対基礎学力

◇感味力を守り、視考力を活用する

　思考回路を飛躍的に増加させる効果的な方法は、視考力養成のための工夫を満載した「良質の算数文章問題」を絵図で解くことです。

　絵図を参考にして解くのではなく、絵図そのものを使って、目で考えて解くのです。

　ですから、少量の良質の問題を使い、自力で絵図を描き、ていねいに具体的に考え、悩み工夫することが重要なのです。この過程そのものが新しい思考回路作成となるからです。**「絵図を見つづけて工夫すること」で、新しい思考回路はドンドン増加していきます。**

　前述のように「ゆとり教育」は失敗しましたが、それは理念や方向性がまちがっていたからではなく、効果的な手法を見つけだせなかったからでした。

たしかな理論があれば、お金も時間も人手もいまのままで十分です。感味力と視考力を活用すれば、学力増強も兼ねた豊かな教育が容易に可能だからです。

感味力とは、感じ味わう力です。

感味力は体験を深く分析し、再現するためのマルチインデックスデータベースを自動的に作成します。料理の味見のように、一瞬で自分がすでに知っているデータを使って単純に判断するのではなく、時間をかけて味わうように料理全体を深く感じることで、体験（料理）をまるごと自動分析し、言葉では言い表せないデータまで記録し、適切な場所に格納します。だれもがもっている力ですが、大切なこの機能を「スピード」がマヒさせていることも多いようです。

視考力とは、文字や言葉といった記号を引き金にして、視覚イメージの再現・操作・選択をする能力です。とくに言葉から明確なイメージを再現する練習は、万能力である視考力という絶対基礎学力を育てます。

視考力は全教科で効果を発揮します。

頭のコントロール（思考）も体のコントロール（運動）も、視覚イメージが大きく関与しているからです。

つまり、視考力を活用した教育法を取り入れれば、現行の制度を変えることなく、受験勉強も含めたあらゆる学習に絶大な効果を発揮し、感性豊かな本当の学力である「高度な思考力」を養成できるのです。

◇ヒトから人間に育てる

さて、教育の第一義的な目的とは何でしょうか。

それは、抽象思考ができるように準備を進めている進化途上の「乳脳」をもつヒト（＝子ども）を、自在に抽象思考ができる「永久脳」をもつ人間（＝大人）に育ててあげることです。

正常な永久脳がもつ「高度な理解力」「深い思考力」「人間らしい判断力」を育てることが、基礎教育なのです。

また、永久脳に必要不可欠な「人間らしい判断力」は、健全で安定した感情に支えられた「正常な違和感」と「適正な恐怖感」がなければ成立しませんので、「感情教育」も学力養成の一部と考えます。

以下に、「高度な理解力」「深い思考力」「人間的な判断力」とは具体的にはどんな力であり、いつ、どのようにして育てるべきなのかを説明しましょう。

①**「理解する」**とは、乳幼児期に体験から得た原形イメージを使って、記号（おもに文字・言葉）からイメージを再現することです。

頭の中で見えるようになることが、「頭でわかる」ということです。また、再現したイメージから感情の再現までできると「体でわかる」ということになります。

②**「思考する」**とは、再現した視覚イメージを移動・変形したり、連想・比較したりすることです。

確かなイメージを操作することが「頭で考える」ということです。

ふだん、私たちがおこなっている、「漠然とイメージすること」（視考力のほんの一部を使用）と「明確なイメージを再現して、それを利用したり操作すること」（視考力の活用）とでは、応用力の大きさがまったく異なりますので、視考力を自在に使う練習が必要なのです。この練習は方法次第で、計算練習のときでも漢字練習のときでもできます。

③**「判断する」**とは、操作したイメージ（結論）から再現した感情と、記憶にある感情とを比較し、恐怖感を含む健全な「違和感」と「納得感」とを基準に判断し、行動を

決定する（イメージを選択する）ことです。

したがって、判断基準となる確かな感情がなければ、たんなる理論だけの思考で判断し、決断してしまいます。理論的な思考というと一見、正しそうに思えますが、使われる理論がお粗末で幼稚であれば、そこからは悲惨な結論が導きだされ、異常な行動と直結するのです。

多くの人が、人間の脳は生まれたときから完成しているとカンちがいしているようです。そうでなければ「できるだけ早いうちからいろいろなことを教えれば、それだけ優秀な人間に育つ」などというヘンテコリンな発想が出てくるはずがありません。

人間の脳は、環境に合わせて、十二年かけて整備されるのです。

整備期間中の道路に車を乗り入れる（＝高速多量のデータ入力をする）と、道路はメチャクチャになります。走れないことはありませんが、道路はひどい状態で完成してしまいますし、残念なことに作り直しはできないのです。そのうえ横道もない状態（＝思考回路が乏しい）では、迂回《うかい》することもできません。

反対に「体験がいい」と言われて、いろいろなことを「させる」人がいますが、何の効果もありません。「できる」ようにはなりますが、脳の成長には悪影響を及ぼします。

大人がすべきことは、「自分からしたいと思うような環境づくりをすること」です。

自分から進んでしようと思い、面白さを感じながら工夫を続ける状態でないと、豊かな思考回路はつくれません。

「できる」ことを目的にしてしまうと、最短距離の単純な回路を使って、その回路をひたすら強化するだけに終わってしまうからです。

◆乳脳から永久脳へ

人間の脳細胞は、約一四〇億個あると言われていますが、それは大脳の神経細胞のことです。小脳の神経細胞は、なんと一〇〇〇億個以上もあるのです。

この小脳の一〇〇〇億個の神経細胞をいかに使えるようにするかが、じつは思考力養成のカギなのです。

少しくわしく説明しましょう。

小脳は従来、運動機能をつかさどるとされていましたが、じつは思考でも大事な役割を担うことがわかっています。

自転車の乗り方や泳ぎ方は、一度覚えれば一生忘れません。だれでもはじめに練習するときは、大脳で意識して手足を動かしますが、コツがわかってくると、やがて意識しなくてもうまくできるようになります。大脳の回路を小脳が「写し取った」からです。

同じことが思考についても言えるのです。繰り返し思考を続けると、大脳の思考回路を小脳が写し取ります。すると、以後は小脳の回路を利用して大脳はより複雑な思考ができるようになるのです。

大脳の本来の役割は、思考の「司令塔」です。司令塔はたいへん優れていますが、エネルギーは有限ですので、すべての作業を自分でするには限界があります。つまり、司令塔には多くの部下が必要なのです。それが小脳です。

脳全体が未熟な場合は、すべての処理を司令塔である大脳が代行しますが、それは本来の仕事ではありません。ですから、優れているからといって、いつまでも大脳にすべての処理をさせることは、負担を増加させ、本来の仕事のじゃまをすることになります。

その役割の変更時期は、六歳から十二歳の間で、自然な発達をしていれば、九歳前後です。つまり、この時期に大脳は、すべての処理をする万能選手から、本来の役割である司令塔へと変身するのです。

小脳への基本思考回路の蓄積がすむまで（最長で十二歳）は、大脳が具象物を抽象化する（視覚イメージ化）練習をしているので、大脳の反射的記憶力が優れていますが、小脳での視覚イメージ操作、すなわち小脳思考ができるようになると、反射的記憶力に使われていたエネルギーは司令塔的な思考にまわされることになり、外見的には反射的記憶力が劣ってくるように見えます。

しかし、これは自然なことであり、この過程（乳脳から永久脳への生まれ変わり）がなくては正常な発達はできないのです。

この変身すべき時期を無視して、あるいは変身することを知らずに、大脳をいつまでも選手として使いつづけると、永久脳には変身できません。脳内エネルギーを有効利用するには、少量のエネルギーで超高速処理をしてくれる小脳の力を借りる必要があるからです。

コンピューターにたとえるならば、新しいソフトは大脳がつくる新しい「流れ（メインルーチン）」ですが、その「流れ」は「既存の決まった処理（サブルーチン）」を多数利用してつくられます。ですから、優れたソフトは多種多様なサブルーチンがなければつくれません。そして、思考においてこのサブルーチンにあたるのが、十二歳までにつくられた小脳自動思考回路なのです。

つまり、永久脳で使う思考は十二歳までにつくった豊富な思考回路（サブルーチン）の数で決まるということです。ですから、十二歳までは思考モデル（思考回路）作成のじゃまになる「暗記・暗算・高速反応」は最低限にして、思考モデル（思考回路）の作成に全力を注ぐべきなのです。

◇「脳内言語」は視覚イメージ

体の制御（運動）も頭の制御（思考）も、視覚イメージを操作する「視考力」であることを、もう一度ここで検証しましょう。

まずは体です。

指先で複雑な動きを速く再現する練習をしてください。指先を動かす視覚イメージを意識しないとできないことがわかります。

実際に指を動かす前に、頭の中で指を動かすイメージを何回も繰り返していませんか？　そうすると、指がその視覚イメージの後追いをすることができます。つまり、イメージした通りに指を動かすことができるわけです。

ですから、複雑な動きを要する場合（一流スポーツ選手などの練習）では、イメージトレーニングが重要視されているのです。「慣れるため」ではなく「体が動く正確なルートをつくる」ためです。この確かな視覚イメージが、頭の中の「お手本」にあたります。

これは、体の制御にかんして永久に使える手法です。ですから、肉体的に体ができていない幼児・児童期には、運動も「できる」ではなく「わかる」という、「お手本」となる視覚イメージをもたせること、つまり、理想的な動きを、補助しながら体感させ、視覚イメージと体感を一致させて感得させることが重要なのです。

前著では逆立ちで「できる」と「わかる」のちがいを検証しましたが、跳び箱、鉄棒、楽器の演奏など、どんな場合でも、体の制御にかんすることで肉体の成長・発達が追いついていないときにすべきことは、「お手本」の体得（確かな体感）であり、自力でできるできないは関係ないのです。

次に頭です。次の文章題を頭の中だけで解いてみてください。読むのは一回だけです。

【小2向け54】 ■今日は全校CD飛ばし大会の日です。五〇人が一緒に飛ばします。上位三人の記録を合わせると、下位二人の合計のちょうど四倍でした。五人の記録を合わせると五〇メートルになりました。下位二人の差を二メートルとすると最下位は何メートルになりますか。▼答え・4メートル

どうでしょう？　むずかしいですね。でも、絵図を描いて絵図で考えると必ず解けます。子どもたちの楽しい解答例は、どんぐり倶楽部のHPでごらんいただけます。

◇ヒラメキの構造

大脳の思考回路を小脳が写し取って再生利用できるように準備することはすでに説明しましたが、小脳へコピーし保管するための入力スイッチは、「気になる」（無意識的）あるいは「気にする」（意識的）といった感覚だと思われます。

そして、コピー完了・再生準備OKの知らせが、「納得感・満足感という正の知らせ」（積極的入力）、もしくは「恐怖感・不安感という負の知らせ」（消極的入力）のようです。

そして、これらの回路を再生するときに必要な再生スイッチは、入力と同じ「気になる」（無意識的）、「気にする」（意識的）感覚だと思われます。

簡単に言うと、「何でだろう?」「どうしてだろう?」「いやだな」「こわいな」「不安だな」と感じる瞬間です。

ですから、**幼児・児童期には、答えを覚えることではなく、つねに「何でだろう?」「どうしてだろう?」「ああかな?」「こうかな?」と楽しく思考回路を増加させることが、優秀で正常な永久脳を育てるもっとも効果的な方法なのです。**

勉強していなくても、スポーツでつねに戦術を考え工夫している子どもや、自然を相手に外遊びで工夫をしている子どもが、コツ（＝文字を視覚イメージに変換・操作すればいいということ）を教えてもらったとたんに素晴らしい学力の伸びを見せるのも、本当の学力を発揮できる「永久脳」をつくっているからです。

そして、あることについて長く深く何度も考えていると、無意識のうちに小脳が自動思考を稼働させます。そしてその結果、得られた結論が大脳に送られ、それを大脳が感知した（自分で意識した）ときに「はっ」とする感覚こそが、「ヒラメキ」だと考えられます。昔から、ヒラメキ（意識して考えていること以外の考えにかんする結果）がやってくるのは「ボーッとしているとき」か「忙しくて何も考えられないとき」だと言われているのも納得できます。

もちろん、意識してつきつめて考えぬく場合にもヒラメキはやってきますが、その場合は「求めて得るヒラメキ」と呼ばれるもので、ここで言及している一般的なヒラメキとは多少異なります。

◆　◆　◆

『本当の睡眠学習』

本当の睡眠学習をご存じですか？　ヒラメキの構造を利用した学習です。

寝る直前に暗記物をすることではありません。「小脳自動思考」を利用するのです。頭（脳）が気になる状態をつくっておいて眠るのです。

たとえば、寝る前に難問をよ〜く考えて、明確な視覚イメージ再現ができるまでにしておき、何種類かの視覚イメージ操作をして考えながら（気にしながら）眠るのです。

すると、小脳が勝手に視覚イメージ操作の続きをしてくれます。考えごとをしながら眠りについて、翌朝起きたら解決策がヒラメいたということはよくありますが、当然のことなのです。

◆　◆　◆

◇幼児・児童期に知的系統的学習をしてはいけない

人間は本来、視覚イメージ操作（思考）に快感を感じるようになっています。

ところが、あまりにも貧弱な環境で育てられると――つまり、複雑な視覚イメージ操作をする必要がない状態で育てられると――ごく単純な操作にでも快感を見出そうとするようです。

それが計算に使う「10の補数と九九」だったり、暗唱で使う再現するだけの回路だったりすると、悲惨な結果になります。

寄り道を禁止され、最短ルートばかりを記憶させられた頭には、極端に貧弱な、応用のきかないルートしか育たないからです。

ですから、パターン学習のような、**決められた最短ルートをなぞる知的系統的学習は、**

幼児・児童期にはやってはいけないのです。

過程が大切というのは、AからBまで行くあいだにどれだけ寄り道や横道、まわり道を経験できるかということなのです。いい加減な推論でもいいですし、見当ちがいな考えでもいいんです。とにかく自力で過程を味わう（思考回路をつくりだす）ことが大事だからです。

幼児・児童期の学習では、Bに着くこと自体を主目的としては、どんな課題であれ的はずれになります。行きつけなくてもいっこうにかまわないのです。

答えは重要ではありません。過程を味わうことでのみ可能となる、思考回路の作成がすべてだからです。

ですから、横道にそれない学習方法は、それだけで幼児・児童期には不向きなのです。これが、合理的につくられている、横道のない（＝意識できないようにつくられている）知的系統的学習が、幼児・児童期には危険である理由です。

反対に、過程を重視して育てると、そのときはうまくいかなくても、何度でも工夫して立ちあがれるようになります。過程がよくわかっているので、結果から過程の分析をすることが一瞬でできるからです。すると、修正すべき過程に工夫を加えることができます。先が見えるのです。工夫で乗りきることができるのです。

そして、そこにこそ、発見もあれば、才能を開花させるチャンスもあるのです。

ところが過程を軽視して育てると、こういう考え方はできませんし、考えつきません。どう工夫すればよいのか、その方法さえわかりません。

これでは人生を楽しく過ごすことは限りなくむずかしくなります。

教育とは、最終的には「人生を楽しめる力」を育てることです。

人生はすべてが過程です。過程を楽しめる体験をさせることが、教育なんです。

成功や失敗という言葉も、本来は結果にたいすることではなく、過程にたいするものです。過程を楽しめていれば、それはもう成功なんです。

5 「絶対学力」を育てる新しい学習法

◆学力を低下させる「予習」VS 効果抜群の「準備学習」

絶対にやってはいけない、子どもの才能をつぶしてしまう学習が、「予習・先取り・先行学習」です。

反対に、子どもの才能をむりなくむだなく効果的に楽しく開花させるのが、「準備学習」です。

たんに授業が新鮮であるように「予習はしないほうがいい」というのはまったくのカンちがいで、**深い理解をさまたげるから「予習をしてはいけない」のです。**

ただし、何もしないでいては、授業を一瞬で理解することはできませんから、十分に、繊細に、周到に、「準備学習はしておくべき」なのです。

「先行学習」は、知らないことを教えこんで問題を解かせる学習ですが、「準備学習」はいま知っていることを駆使して、工夫して問題を解かせる学習です。

準備学習と予習をカンちがいしては命取りになります。

「早ければ早いほうがいいんじゃない？」という声をよく耳にしますが、感心しません。早くにできると、できるようになったことによる経験不足が、悪影響を及ぼすことがあるからです。この悪影響は、学習では致命傷を与えます。

たとえば生後三時間で歩けるようにさせてしまうと、その子は歩いて生活します。すると、本来なら歩けないがゆえに経験できたこと（たとえば固定点からの観察）が経験できなくなり、この経験によってつくられるべき情報処理網がつくられないままに成長が完了してしまうということです。

歩ける子をジッとさせておくのはむずかしいですね。ですから、早くできるほうがいいということは、十二歳まではあり得ないのです。子どもはすでにヒトが人間に育つプログラムをもっていて、それが稼働しているのですから、じゃまをしてはいけないのです。

勉強の例を一つあげます。

早くに九九を教えてできるようになった。すると、本来なら九九ができないがゆえに経験できたこと（絵図での視覚体験・数の感覚の養成・分け方の工夫・絵図の描き方の工夫など）が経験できなくなり、この経験によってつくられるべき情報処理網がつくられないままに成長が完了してしまいます。

さらに、十分な熟成期間（準備学習）を踏まないで「できる」ようにしてしまうと、浅い理解のまま完成してしまうので、応用もききません。

ここをパターン学習の量で補っても、やはりパターンが増えるだけで応用はききません。低レベルでの完成しかできなくなる、そして、それを補うためにいままで以上に出来あいのパターンをマスターする、これではいつまでたっても応用力は育ちません。

早くに九九を教えれば、それだけ習熟できて使えるようになると思っておられる方がいますが、まったく逆で、早期の九九学習はメリットよりデメリットが格段に大きいのです。

九九はたんなる道具です。道具は使い方が大事なんです。使い方とは、どんなときに、どのように使えるかの工夫です。道具の操作だけが巧みになっても、どんなときにどのように使えばよいかがわからなければ、道具をもたないのと同じです。

実際に道具を使えるようになる前に、「こんなことができるといいな」「こうできるかな」「こんなに数えるの大変だなあ」という「準備学習」を十分にしておいてから、学校で「九九」を教わるんです。すると、九九を知った瞬間に、一気に応用までできるようになります。

「あ、これ（九九）を使えば簡単にあの問題ができるじゃん！」

この一瞬で、いままで味わって解いた複雑な問題が、すべて九九を使って簡単にできるようになっているんです。復習も応用も終わっているんです。

予習ではなく準備学習がいかに重要で、学校の授業も有効活用できるかの理由です。

では「準備学習」とはどんなものなのか、具体的にご理解いただけるように、どんぐり倶楽部の問題を例にとって、HPの掲示板から保護者の感想を引用します。

【小2向け77】（問題は二四四ページ）▩この問題の牛乳の総量がわかりました。先週の土曜日カブトムシくん、日曜日カメくん、昨日タツノオトシゴくんと、一日一人分のペースでしていました。

タツノオトシゴくんは、2分で5本飲む、1本は180ミリリットル。さあ、1時間では？

「60の中に2分は30個」時計の絵を2分間隔で分けて30個と出す。これは、3人とも同じ。「じゃあ、180を30回たしたらいいんや！」（やっぱり足すのか〜と思っていたら）カメくんのときの筆算をじ〜っと見て、（カメくんのとき、すでに15回足している。15×2＝30　に気がついたか！）「…カメくんにあと、15回足したらいいんや！」（そうきたか！）と、16回目から筆算をはじめました。

無事、10回足し終わって、あと、5本分の計算をしようとしたとき、「10回足すときは0つけたらいいんや。30回は10回足したのを3回たしたらいいんや。なんや～、そうやったんか～！　やられた～」と悔《くや》しがっていました。「おかあさんやったら、3回足したのを10回足す（0つける）わぁ」「ほんまや、ほんまや！」となりました（15×2は、黙っておこう）。

総量は、40人クラスの給食の牛乳ビンに当てはめると、だいたい、10クラス分ぐらいになりました。「すごい量を飲んだんやねぇ」と楽しく終わることができました。「総量」という言葉も気に入ったようです。

＊　＊　＊

以前、「（数が）大きくなったら一つ一つ数えません。子どもが自分で工夫します」とアドバイスいただきましたが、予想外に早くそうなりまして。「32」ですでに全部描くことを放棄してしまいました。なるほどね～と感心しましたが、「○を800個書いた」お子さんの話と比べると、なんか根気ないヤツかも……という気もしました。

【どんぐり倶楽部より返信】

32個でも800個でも、進化の過程は同じなんです。優劣はありません。こうやって脳内進化は続くんです。だから、掛け算を前もって教えるなんてばかなまねをしてはいけないんです。脳の進化を決定的にじゃましているんですからね。

進化後は、一瞬で同じレベルになるのも人間の特徴です。小脳にコピーされた思考モデルは無意識下で超高速に仕事をしてくれるからです。ですから、掛け算を習う前に掛け算を知っていること（教えてもらうこと）は、致命的な進化の遅れを誘発するだけで、子どもにとっては何のメリットもないのです。

反対に、掛け算の仕組みを自分で発見した後で学校で習うと、絶妙のタイミングで「染みこむ」のです。このタイミングを見はからった準備学習が、理想の家庭学習なんです。

どうでしょうか。なんとなくわかってもらえたでしょうか。

学校と家庭の学習をもっとも効果的に活用する、むりなくむだなく効果的な学習が準備学習なのです。

瞬時にわかる準備学習をしていると、危険な予習もむだな復習も不要になります。こうしてもっとも学力養成ができる自主的な「遊び」の時間を確保するのです。

家庭では「準備学習」をして、学校では「発見学習」をし、復習は工夫された教材を少しだけすることが、豊かな教育になるのです。

◆ ◆ ◆

『興味をなくさせずに「教えない」ようにする』

子ども特有の「なぜ・なに・どうして?」には笑って答えましょう。

子どもは一時期、何にたいしても「なぜ・なに・どうして?」と、疑問に思ったことをすべて口にします。

そのときに「ここがチャンス」とばかり、できるだけ調べて正確に答え(らしきこと)を教える人がいますが、感心しません。第一、長続きしません。

ではどうすればいいのでしょう。

「なぜだろう・何だろう・どうしてだろう?」と考えることそのものが思考回路の作成になるのですから、答えを教える必要はなく「なるべく多様な思考回路を考えつくように興味を持続させる」ようにすればいいのです。

「なぜだろうねえ。何だろうねえ。どうしてだろうねえ。こういうことかな? それともこういうことかな? こうも考えられるね。こう考えると変かな?」

と応じるのがいいのです。答えは重要ではないからです。

辞典などで得られるもの（説明）は一つの知識にすぎませんので、それを覚えても、幼児・児童期の学力（新しい思考回路）にはなりません。知識は十二歳以降に蓄積すべきものですから、なるべく長く疑問を抱いたままでいられるようにすることがポイントです。

どんなに知識という水を多量に与えても、その水が通る水路となる思考回路はつくられないからです。興味をなくさせずに「教えない」ようにすることが大切な理由です。

◆　◆　◆

◇漢字を効率的に覚える方法

では、次に漢字学習法のポイントを説明します。

1　入力のための「読み」については制限をもうけない。

2　出力のための「書き」については制限をもうける。

※とくに、書けることがスゴイことだと思わせてはいけません。

3　「読み」と「書き」は異なる学習方法を採用する。

※「読み」の中心は「スラスラ発音できること」ではなく「すぐに意味がわかること」と考えて、スラスラと発音できることに固執しない。

※意味は話の流れの中で理解するのが、もっとも自然で簡単であることを活用する。

※「書き」の中心は「正確なこと」ではなく、「バランスがとれること」と考えて「止めハネ」に固執しない。

※「筆順」は絶対的なものではないので（書体で異なる場合もあるし、硬筆・毛筆で異なる場合もある）、意識しなくても自然に身につくように工夫する。

以上三点を具体的な形にしたものが、どんぐり倶楽部の三種の漢字教材、「漢字読本」「塗り絵漢字筆順帳」「全手本漢字練習帳」です。

●三種の漢字教材・その1「漢字読本」

これは、年間配当漢字を一つの物語にすべて織りこんだ副読本です。

基本的には漢字の「読み・意味の確認」に使いますが、確認テストとしても使えますし、読み聞かせや音読用としても使えます。

「漢字読本」のさまざまな使い方（音読用・読み用・書き用）は、『絶対学力』（一六四ページ、小一用）、『子育てと教育の大原則』（二四六ページ、小三用）で紹介しています。

「漢字読本」を利用すると、一学年分を一日で修得することも可能です。すると、教科書は一日ですべて読めることになり、音読の範囲を限定する必要はなくなります。また、全学年分を学年にこだわらずに使用すれば、音読の練習をかねて四年生くらいで全学年分の漢字をむりなく修得できます。

●三種の漢字教材・その2「塗り絵漢字筆順帳」

これは、暗記に抜群の効果を発揮する「イメージフィックス法」（一九七ページ参照）を応用してつくったものですが、イメージフィックス法修得の入門としても最適です。

ここでは、小学校で習う漢字一〇〇六字のなかでもっとも画数の多い、20画の漢字「議」を例に取り上げましょう。これを一回書くだけで覚えられれば、他のすべての漢字も一回で覚えられるということです。

「塗り絵漢字筆順帳」の使い方

①筆順と止めハネを意識しながらていねいに一画ずつゆっくりと色を塗る。
　※一画ずつ色を変えたほうが楽しくできます。
②できあがったら全体を見て、お手本の書き順を目で確認する。
③目を閉じて頭の中で再現してみる。

④再現できない部分・不確かな部分だけを意識してよく見る。

⑤目を閉じて意識した部分の再現練習を頭の中でする。

※頭の中で拡大して意識するのがコツ。

⑥④→⑤を繰り返して、全体を頭の中で再現できるようにする。

※頭の中で再現した漢字を意識しながら書くと、一〇〇パーセント書けます。

※塗り絵をした後に部首だけを上から黒塗りすると、部首が浮かび上がるので、部首の暗記や整理にも有効。

この方法は大変優れていますが、思考力養成にはならない暗記に過ぎませんから、固執しないでください。**十二歳までは、漢字は読**

お手本(おてほん)

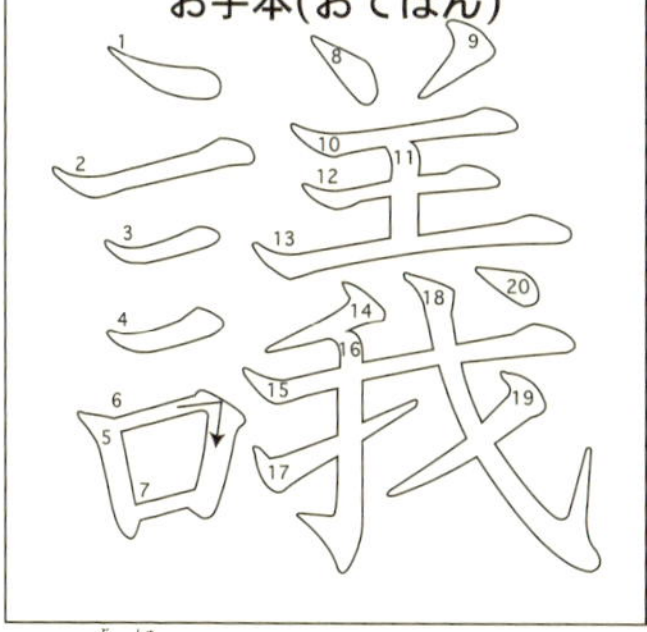

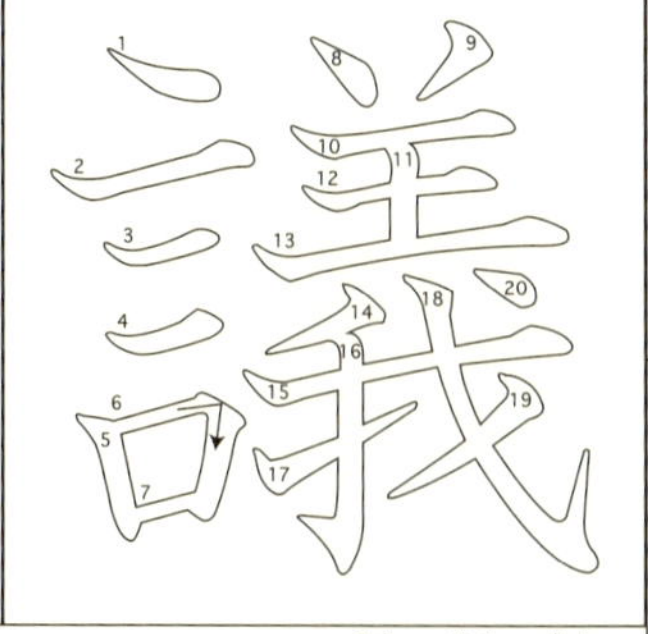

年《ねん》　組《くみ》　番《ばん》

名前《なまえ》

●部首《ぶしゅ》　→言→ごんべん

●音読《おんよ》み→ぎ

●訓読《くんよ》み→×

総画数《そうかくすう》

20画《かく》

●例文《れいぶん》　→不思議《ふしぎ》な会議《かいぎ》が毎朝《まいあさ》、学校《がっこう》の体育館《たいいくかん》で開《ひら》かれているらしい。紅白帽《こうはくぼう》を被《かぶ》っているという噂《うわさ》だ...。...え?

月《がつ》/日《にち》

/

めて意味がわかればいいんです。

ソロバンと同様に漢字も素晴らしい文化ですが、十二歳までの暗記は感心しません。学習の優先順位を守らないと、思考力を育てる前に臨界期を越えてしまうからです。

●三種の漢字教材・その3「全手本漢字練習帳」

これは、漢字をバランスよく書けるようにする練習帳です。ただし、練習は一、二回に限定します。一般的なドリルとのちがいがわかるように、比較対照しながら紹介します。

次ページの「全手本漢字練習帳」は、次の点に注意してつくられています。

①「なぞり書き」は使わない――なぞり書きをしているとき、目はお手本を見ていません。線に沿って書いているだけなので、全体を意識するには不向きなのです。また、バランスを考えないで書けるのも、漢字練習には不適当です。

②「お手本」は上に置かない――お手本はつねに真横にないと見づらいので、上にあると「お手本」を見ないで書くようになります。見づらい理由は、漢字のボトムラインが移動してしまうからです。手本を横にしておくと、練習する漢字のボトムラインはお手本と同じラインを使えます。これが、お手本は必ず横に置いておかなければいけない理由です。

■全手本漢字練習帳(読みアリ版)

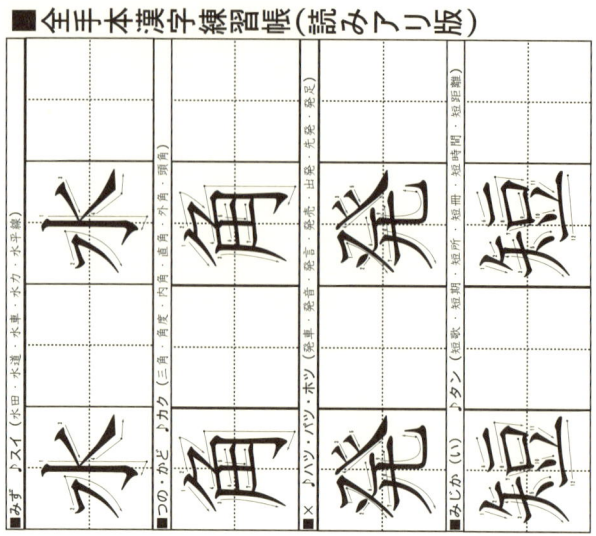

■みず　♪スイ（水田・水道・水車・水力・水平線）

水		水	

■つの・かど　♪カク（三角・角度・内角・直角・外角・頭角）

角		角	

■×　♪ハツ・パツ・ホツ（発車・発音・発言・発売・出発・先発・発足）

発		発	

■みじか（い）　♪タン（短歌・短期・短所・短冊・短時間・短距離）

短		短	

◎ポイントは全ての漢字練習用のマスの横に筆順付きのお手本があること。
※毎回書き順を目にするので無理なく無駄なく正しい書き順が身に付く
◎お手本は同じ大きさで毎回真横（左）に見えるものであること。
※練習欄が２つ以上あっても練習は一度に２回までにする
◎止めハネは数字と記号で確認できること。（言葉での注は筆を止めます）
◆ただし、筆順をあまり気にする必要はありません。硬筆と毛筆では筆順が違うものもありますし、筆順は便宜的なもので実質的には重要ではないからです。

■全手本漢字練習帳(読みナシ版)

水		水	
角		角	
発		発	
初		初	
快		快	
郷		郷	

③すべての練習欄の横に「お手本」を書いておく——同じ漢字でもつねにお手本が横にあるように、すべての練習欄の横にお手本を書いておきます。お手本が一つで複数の練習欄を使うと、練習欄は練習する漢字のぶん、お手本から離れていきますので、お手本を見ないで書くようになります。

④練習欄とお手本欄は同じ大きさにする——練習する字の大きさとお手本の字の大きさがちがっていると、バランスがわかりづらいので、いびつな字になってしまいます。漢字はバランスが美しさをつくりだします。そのバランスを自然に体感するためには、同じ大きさのお手本が必要不可欠なのです。

⑤同じ漢字の練習を何回も続けない——すべての練習欄の横にお手本を書いておけば複数回の練習も悪くはありませんが、それでも偏だけ先に書いたり、量が多いこと自体がいやになり、漢字を味わう感覚が薄れますので、**同じ漢字の練習は多くても二回までとします。**

⑥漢字練習欄の大きさは一・五〜三センチ前後——漢字練習欄の大きさは、細部を感じとれて、なおかつ瞬時に全体を一目で認識できる大きさである必要があります。低学年では一辺が三センチ前後、高学年でも一辺が一・五センチ前後が理想的です。

まちがっても、こんな漢字ドリルは使わないでください。

※工夫が足りない漢字ドリル例

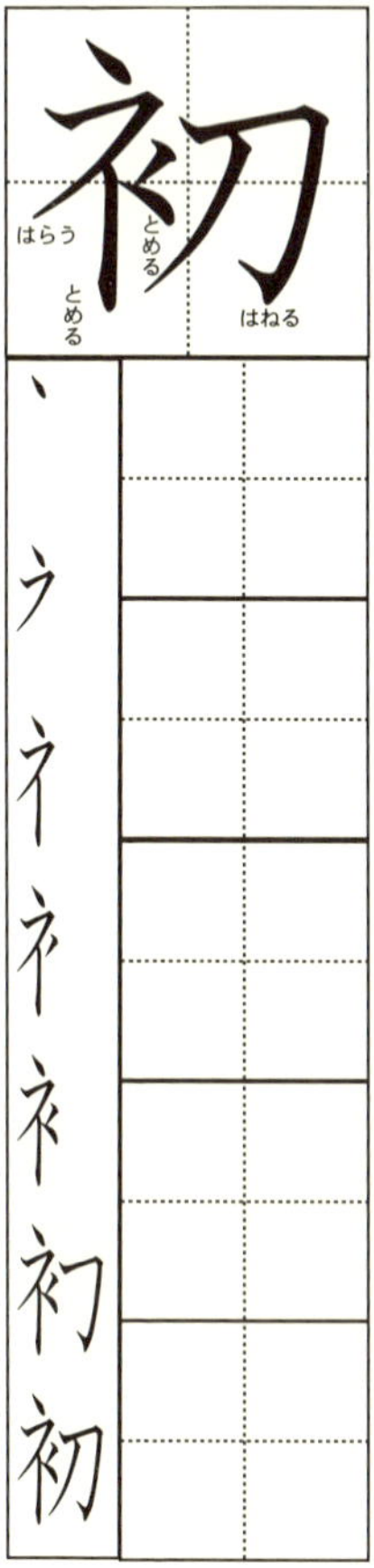

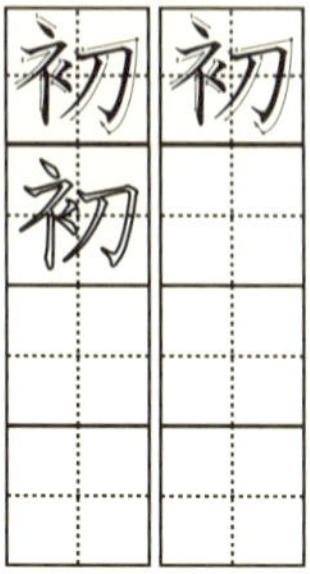

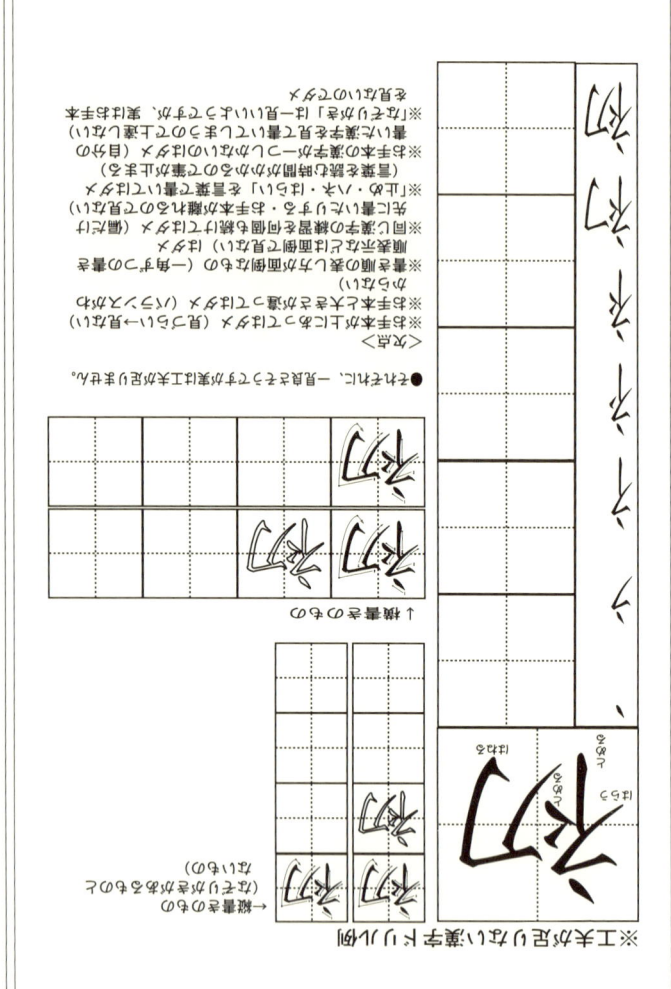

←縦書きのもの
（なぞりがきがあるものとないもの）

↓横書きのもの

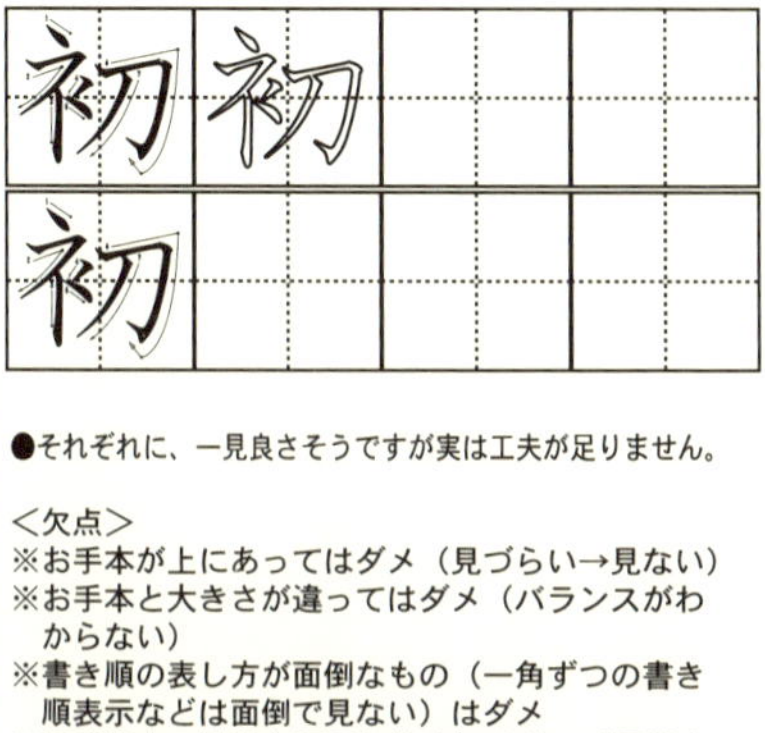

●それぞれに、一見良さそうですが実は工夫が足りません。

<欠点>

※お手本が上にあってはダメ（見づらい→見ない）
※お手本と大きさが違ってはダメ（バランスがわからない）
※書き順の表し方が面倒なもの（一角ずつの書き順表示などは面倒で見ない）はダメ
※同じ漢字の練習を何個も続けてはダメ（偏だけ先に書いたりする・お手本が離れるので見ない）
※「止め・ハネ・はらい」を言葉で書いてはダメ（言葉を読む時間がかかるので筆が止まる）
※お手本の漢字が一つしかないのはダメ（自分の書いた漢字を見て書いてしまうので上達しない）
※「なぞりがき」は一見いいようですが、実はお手本を見ないのでダメ

以上が「どんぐり倶楽部」の三種の漢字教材です。実際に書くとわかりますが、意味と筆順とバランスは、同時に修得するよりも別々に身につけるほうが効果的なのです。

「三種の漢字教材」を使った漢字学習方法をまとめると、次のようになります。

1 物語での読み聞かせ（「漢字読本」：発音の入力→文中で意味の確認：発音と視覚イメージのリンク：漢字の意味を知る）
2 自分での読み（「漢字読本」：記号の音声化：音→視覚イメージ再現を意識する）
3 大きな文字での体感（「塗り絵漢字筆順帳」：塗り絵の要領で細部を感じる）
4 文字のバランスを目と手で確かめる（「全手本漢字練習帳」）
5 「漢字読本」の書き用で読み・意味・書きの確認

※「書き」は学年ごとに完成させるのではなく、六年間かけてゆっくり書けるようにします。

◆　◆　◆

『教室での漢字の覚えさせ方』

漢字も計算と同様に（読解も同じですが）、できるかぎり反復させないことが大事です。通常は一回しか練習はさせません。「しなくてもいい」ではなく「させない・してはいけない」とすることが大事です。

漢字テストは毎日します。ただし、一文字だけです。テスト用の練習はしてはいけないことにしておきます。授業中の一回書きとまちがい直し（宿題）の一回だけです。

テストでまちがえた文字はそのまま保管しておいて、夏休みの個別課題にします。こうすることで、先生はいっさい時間をかけないで、生徒一人一人の弱点補強の宿題を出すことが簡単にできます。

一日一回一分で一漢字を覚える「漢字授業例」です。年間二〇〇日として六年間で一二〇〇文字。小学校で習う漢字は一〇〇六字なので、復習や確認テストも可能です。

「はい、今日の漢字いきま～す」

1　黒板いっぱいに大きく漢字一文字（たとえば「初」）を、筆順を唱えながら書く。

「いち、に～い、さん。しい、ご。ろく～、しち」

※生徒たちはすでに目に焼きつけるように見ている。

※生徒たちは声を出してはいけません。

2 漢字の説明を言葉だけでする。書かない。「初めて何かをするときの初めて」「最初のショ」「初夏のショ。夏の初めのほうね」「初心忘るべからず、なんてのもあるね」

※ここで説明のために使ったことまで覚えさせようとしてはいけません。

3 生徒たちに空中書き取りをさせる。「はい。いっしょに」「いち、に〜い、さん。しい、ご。ろく〜、しち」

※みんなで空中に指を走らせながら、筆順を唱える。

※生徒たちは漢字の視覚イメージの再現に意識を向ける。

4 頭の中で視覚イメージをなぞる。「はい、目を閉じて。はい、いっしょに。いち、に〜い、さん。しい、ご。ろく〜、しち」

※先生は黒板の漢字を消しながら唱和する。

※子どもたちは頭や指を動かしながら、漢字の視覚イメージを意識する。

5 ノートの左ページいっぱいに一文字書く。「はい、じゃあ書きますよ。鉛筆を持ってください。ゆっくり、いっしょに。いち、に〜い、さん。しい、ご。ろく〜、しち」

※このとき、すでにお手本は子どもたちの頭の中だけにある。

6　「はい、ノートを閉じてください」

7　まちがえた漢字を、一文字宿題にする。「はい、帰ったら、お手本と比べて、あっていたら赤鉛筆で○。まちがっていたら、まちがっていた部分を赤鉛筆で書き直してから、お手本を見ながら右のページに大きく一文字だけ練習してきてください」

8　終わります。

覚えることの基本は、視覚イメージの再現を意識することなのです。もちろん、鮮明に再現することはできません。特訓すればできますが、不要ですし、悪影響を与えますので、特訓してはいけません。

また、「書けば覚える」というのはカンちがいです。書くときに頭が視覚イメージの再現をするので、何度もすれば思い出せるようになるというだけです。

ですから、最初から意識して再現する練習をすれば、何倍も簡単に、楽に覚えられるのです。

◆　◆　◆

◇計算力を効果的に養成する方法

次に計算です。むりなくむだなく計算力を養成するには、次の順番でおこなうのが効果的です。

1 体感計算：「指折算」

※高い学力を育てる基礎となる「安定した感情」の養成にもなる最重要項目です。

2 視覚イメージ計算：「デンタくん」とオマケの「横筆算」

※「デンタくん2号」までをマスターして「横筆算」に使えば、無限計算が簡単にできてしまいます。

3 視算：「三角計算練習」「九九の暗唱36」

4 筆算：「命のタテ線忘れずに！」

5 計算式：計算式と筆算の区別をする。

6 すべて分数で考える

※どこにも高速・多量の練習はありません。不要だからです。

まず、「体感計算」の話をします。

「たかだか一桁の計算で、何を面倒くさいことをしてるんだ?」と感じる方もいらっしゃると思います。相手が大人であれば同感ですが、相手は何十倍、何百倍も敏感で影響を受けやすい進化途上の幼児・児童であることを忘れないでほしいのです。「できれば何でも（どんな方法でも）いい」という考えで教育すると、「できれば何でも（どんな方法でも）いい」という価値観が、その子の基本回路として固定してしまいます。

1 体感計算

指折算に入る前に、準備運動として、フィンガーイメージの確立をします。

このときに、ゆったりとした時空間の中で、楽しみながら、十分に自分の体の感覚を意識的に「感じること」が、学力の永続的な伸びを保証します。

指を見ないで「指折算」を使えれば、必ず「デンタくん」（一二三ページ）を自在に操れるようになりますが、自分の目で確認をしながらでないと不安に感じる子どももいますので、準備運動として、できるだけていねいにやってください。

「10の補数」の体感（視算の素）にもなりますので、ゆっくりキチンと感じながら、楽しくおこなってください。

① 親子で（先生と生徒で）目を閉じます。

② 子どもの指を2本折り曲げてあげます（にぎってあげてもけっこうです）。

③ 折り曲げた指を包むようにしたまま、曲げていない指を感じさせます。
※この体感イメージを意識させることがポイントです。

④ 曲げていない指を感じながら、何本かを当ててもらいます。

⑤ 他の組み合わせを続けます。
※ポイントは、伸びている指を体（頭）で感じることです。その感覚（体感イメージ）の再現が、基礎計算に使う視覚イメージ再現の原形になるのです。
※しだいにテンポよく、ランダムにできるようにします。必ずできるようになります。
※速さではなく、テンポが大事です。「トン・トン・トン・トン」とテンポよく（子どもが心地よく感じるテンポで）繰り返してください。

【注意！】「10の補数」の体感は、必ず指でおこなってください。人間の体の部位で10を感じることができるのは、指しかないからです。数のセンスも数量感覚も特別なことはいっさいせずに、この指折算とデンタくんで十分に養成できます。

十分な体感（自然な頭の内部での納得）がないまま数の世界に入ると、体感して得られる数の概念と、計算で使う数字が分離してしまいます。

外見的には計算はできますので支障がないように思われがちですが、内面で乖離《かいり》が起こっていることがあります。実感をともなわない数字ということです。

そうなると、式の計算はすらすらできても、目の前にたとえばミカンが6個あるとして、あといくつで10個になる？　と聞いてもさっぱりわからない、などということになります。

これがもっとも恐ろしいことです。

教育は、子育てのほんの一部です。「学習」という名のもとに人格形成を軽視するようなことがあってはなりません。**早期に「体感計算」から離れることは弊害が大きく、悪くすると感情破壊まで招きます。**それほど「指折算」は大切な学習方法なのです。

また、計算式を使った「10以下の数の分解と合成」も、子どもの成長を無視した、的はずれな合理主義から生まれた考え方です。分解・合成は両手の指を一瞬感じるだけで終わりです。

以上のことからも、「いつまで指を使って計算してるの？」は禁句だとわかると思います。これほど子どもの成長を損なう言葉はありません。

自然に指は使わなくなりますが、「指を使わせない」ようにすることとはまったくちがいます。「指を使わせない」ことによる弊害は多岐にわたり、心・頭・体のすみずみにまで悪影響を及ぼします。

「指折算」が圧倒的に優れているのは、体（頭）が自然にもっとも効果的に納得するための「体感」ができるからです。ですから、「指折算」のことを「体感計算」とも言います。

体感計算は、確かな感覚を味わうことができますので、感情も安定します。

人間に育てるための教育だから、体感が重要なのです。そして、その確かな体感が、容易に視覚イメージ操作を可能にするのです。

では、「指折算」です。ここでは「10の補数」を感じる方法を説明しますが、この方法でさまざまな組み合わせ（10以下の計算）を感じてく

指折算

ださい。一瞬でできるようになります。何十枚もプリントをやったり、何百題も計算練習をする必要はまったくありません。

10本の指を目の前に出します。ここで指を数えてはいけません。目はいつも両手の10本の指を見ておいてください。

まずは「10の補数」です（前ページの図・右）。

左手の2本を曲げて、その手の形全体を見ながら「2：8」。

左手の4本を曲げて、その手の形全体を見ながら「4：6」。

次に10以下の数を体感します（前ページの図・左）。

たとえば、7本の指を使って、好きなように指を分けて、分けた数を感じます。

「5・2」「4・3」「1・6」など。

どうですか？　簡単にわかってしまいますね。

もちろん、反対に、合わせた指の本数を感じることも簡単にできます。

これを算数では「分解と合成」と言うんですね。私に言わせれば、たんなる指の運動ですから、一瞬でできますし、一生忘れません。

大事なことは、しだいに手を見なくても、頭の中に手が見えるように意識することです。

この「見えること」が「最初から最速」となる力なのです。「指は折っても数えない。見る、見る、よく見る、ジッと見る」のです。「10の補数」や「分解と合成」は計算する必要がないこと、計算してはいけないということです。ついでに、式の変形も「指折算」なら一瞬でできてしまいます。「見える」と「わかってしまう」からです。

ただし、指をイメージしたあとで数えてはいけません。それはむだなことで、安心感を得るために、慣れていない段階ですることです。標識（記号）を見ても説明文がないと自信をもって判断できないという状態では、標識（記号）をつくった意味がありません。何回か繰り返して、確信することが大事なのです。

最初は数えないと不安ですので、ゆっくり移行しましょう。一度移行できても、不安になった場合には、迷わずに指を見て数えるようにします。キチンと確認して、もう一度指をイメージします。とにかく、この移行はゆっくりお願いします。

10以上の数字はお金で考えます。数字の構造がわかるもので、つねに持っているのは、体の次はお金だからです。四角い硬貨が最適です。**指とお金以外の具体物は使わないことが、混乱させない秘訣です。**

四角い硬貨は段ボール紙で簡単につくれます。また段ボール紙なら、実際にはない千円硬貨も、一万円硬貨もつくれるので便利です。さらに、実際の硬貨は大きさが異なりますが、数字の構造を理解する点においては、同じ大きさであるほうが優れています。

●形だけの危険な宿題

たとえば、いま手元にある計算ドリルには、一ページに二〇題の計算問題が書いてあります。筆算用の空きスペースはありません。左上のようなものです（小三の十月の宿題は、こうした問題を「三ページがんばりましょう」でした）。

するとノートは次ページの上段のようになります。

(1) 9÷2	(2) 8÷3
(3) 7÷2	(4) 9÷4
(5) 6÷5	(6) 13÷3
(7) 15÷2	(8) 18÷7
(9) 14÷6	(10) 19÷8
(11) 20÷6	(12) 23÷7
(13) 26÷6	(14) 29÷9
(15) 28÷5	(16) 31÷6
(17) 45÷8	(18) 61÷8
(19) 70÷8	(20) 83÷9

すべてむだな労力です。しかも、まちがえたときに、まちがえた過程がまったくわかりません。答え合わせは答えのページとこのノートをくらべるだけですから、ここでも貴重な時間の浪費をさせていることになります。

文字通り、形だけの危険な宿題です。いやになるのが自然です。さらに「筆算は書かないで暗算でしましょう」と言う先生までいることには驚きを隠せません。

ところが同じ計算ドリルでも、最高の宿題となる「良い使い方」があります。「(5)と(8)だけを筆算で解いてみ

(1) 9÷2＝4あまり1	(1) 9÷2＝4あまり1	(1) 9÷2＝4あまり1
(2) 8÷3＝2あまり2	(2) 8÷3＝2あまり2	(2) 8÷3＝2あまり2
(3) 7÷2＝3あまり1	(3) 7÷2＝3あまり1	(3) 7÷2＝3あまり1
(4) 9÷4＝2あまり1	(4) 9÷4＝2あまり1	(4) 9÷4＝2あまり1
(5) 6÷5＝1あまり1	(5) 6÷5＝1あまり1	(5) 6÷5＝1あまり1
(6) 13÷3＝4あまり1	(6) 13÷3＝4あまり1	(6) 13÷3＝4あまり1
(7) 15÷2＝7あまり1	(7) 15÷2＝7あまり1	(7) 15÷2＝7あまり1
(8) 18÷7＝2あまり4	(8) 18÷7＝2あまり4	(8) 18÷7＝2あまり4
(9) 14÷6＝2あまり2	(9) 14÷6＝2あまり2	(9) 14÷6＝2あまり2
(10) 19÷8＝2あまり3	(10) 19÷8＝2あまり3	(10) 19÷8＝2あまり3
(11) 20÷6＝3あまり2	(11) 20÷6＝3あまり2	(11) 20÷6＝3あまり2
(12) 23÷7＝3あまり2	(12) 23÷7＝3あまり2	(12) 23÷7＝3あまり2
(13) 26÷6＝4あまり2	(13) 26÷6＝4あまり2	(13) 26÷6＝4あまり2
(14) 29÷9＝3あまり2	(14) 29÷9＝3あまり2	(14) 29÷9＝3あまり2
(15) 28÷5＝5あまり3	(15) 28÷5＝5あまり3	(15) 28÷5＝5あまり3
(16) 31÷6＝5あまり1	(16) 31÷6＝5あまり1	(16) 31÷6＝5あまり1
(17) 45÷8＝5あまり5	(17) 45÷8＝5あまり5	(17) 45÷8＝5あまり5
(18) 61÷8＝7あまり5	(18) 61÷8＝7あまり5	(18) 61÷8＝7あまり5
(19) 70÷8＝8あまり6	(19) 70÷8＝8あまり6	(19) 70÷8＝8あまり6
(20) 83÷9＝9あまり2	(20) 83÷9＝9あまり2	(20) 83÷9＝9あまり2

※同じドリルでも、一言のアドバイスで悪影響を与える宿題を応用のきく宿題へと変身させることが簡単にできます。

※保護者も先生も、上の方法と下の方法を実際に自分の手を使って確認すべきです。そして、頭の中をよく観察する必要があります。

(5) 6÷5＝

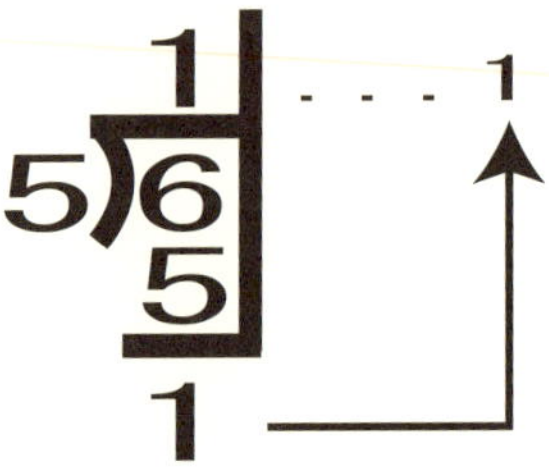

(5) 6÷5＝1あまり1

(8) 18÷7＝

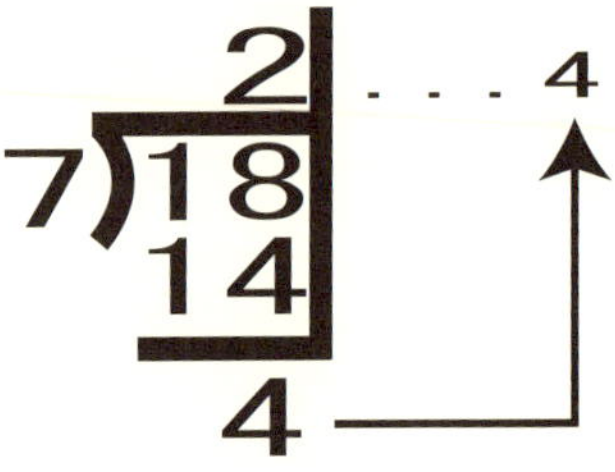

(8) 18÷7＝2あまり4

ましょう」と言えばいいのです。すると、ノートは下段のようになります。

このノートならば、まちがえたときにも、どこでどうまちがえたか、確実にチェックできます。苦手な子も得意な子もいやにはなりません。割り算だけでなく、掛け算や引き算が組みこまれていることも一目瞭然です。

むりなくむだなく効果的な学習とは、こういう工夫で簡単にできるのです。

ちなみに、どんぐり倶楽部では、子どもに悪影響を与える宿題は「自動宿題しますマシーン」（詳細はHPを参照）がすることになっています。動力は缶ビール一本。ときどきまちがえますが、ご愛嬌です。

やればやるだけ頭が悪くなる宿題を子どもにやらせるわけにはいきません。

幼児・児童期の学習では、勉強や遊びの区別なく感情とリンクして育っていきます。このときに子どもが重要ではないと思うことを強制的に感情を無視して続けさせると、感情破壊を招きます。そして、この感情破壊は「（理解）する気」の根本的な活動を阻害《そがい》します。また年齢が低いほど、宿題も含めて単純で強制的な反復をさせることの危険性は高くなります。

さらに、危険な学習による感情破壊まで進んでいると、回復は非常に困難です。唯一の回復方法はいっさいの単純作業（とくに家庭学習での単純反復「暗記・暗算・高速処理・多量計算」）をすべてさせないことしかないと思います。そのうえでどんぐり倶楽部の「良質の算数文章問題」だけを一カ月一問～四問程度、ていねいに正確に楽しく描く練習をします。手が動きだすまでに半年程かかるかもしれません。ですが、最初の一歩を踏みださなければ、思考力養成への道は永久に閉ざされるでしょう。

ポイントは、宿題も含めて「考えない学習」はいっさいさせないことです。**残念ながら、いまの多くの小学校では「自動宿題しますマシーン」がなければ、子どもの思考力は守れない状態のようです。**

2 視覚イメージ計算：「デンタくん」

さて、「デンタくん」の登場です。

「デンタくん」は頭の中の視覚イメージ例です。指折算と同じ原理ですが、「見ることだけ：視覚イメージ操作」で計算をしますので、基本暗算となります。

本来は「10の補数と九九」以外の計算はすべて筆算ですればよいので不要なのですが、あまりにも無意味な暗算練習に時間を費やしている子どもたちが多いので、繰り上がり、繰り下がりにも使える一番人気の「デンタくん2号」も紹介します。

初体験で、五分で暗算ができるようになり、練習は不要、感じるだけ、反復も不要、最初から最速の暗算方法です。

ただし、「デンタくん」の練習をするときにも、**絶対に急いではいけません。急ぐことはストレスを与え、定着を阻害するだけだからです。**子どももお母さんも、ゆったりした時間の中で練習しなければいけません。

感じるとは、味わうことだからです。感じるための時間と心構えが必要なんです。

最初は「触覚＝わかる」です。

ゆっくり続けて、さわられたときの触覚と、さわられている自分の指の視覚イメージを重ねます。ここをゆっくりやらないと、体感と視覚イメージが重なりません。ここが抜けていると、「デンタくん」は出てきません。

10までの範囲で、さわる指を増やしたり減らしたりします。「数の分解／合成／足し算／引き算」が、いつのまにかできてしまいます。そして一生忘れません。反復練習も、スピードアップも不要です（デンタくん1号参照）。

両手を使う10までの視覚イメージ操作ができるようになったら、20までの「デンタくん2号」に挑戦してください（デンタくん2号参照）。

ただし「デンタくん」は2号で終わりにします。ソロバン暗算のようにすべての計算を視覚イメージで処理することは練習次第で可能ですが、十二歳まではデメリットのほうが大きい（どんなに暗算が速くなっても思考回路は一つも増えない）と考えているからです。

また、「デンタくん2号」だけで、繰り上がりも繰り下がりも自由自在になりますので、一年生でも後述する「横筆算」で無限計算ができてしまいます。

しかしながら、横筆算は、あくまでも多量の宿題にたいする危険回避用ですので、できれば少量のふつうの筆算（縦筆算）をすることが基本です。

横筆算は、一度できると桁数に関係なく無限計算ができますが、十二歳まで（とくに九歳まで）の計算練習は、横筆算でさえも忘れない程度に最小限にしてください。**計算練習ほど思考力養成の妨害をするものはないからです。**

デンタくん1号

※10までの数を頭の中で自在に操作します。
数の分解・合成も自由自在です。

デンタくん2号

※20までの数を頭の中で自在に操作します。
繰り上がり・繰り下がりも自由自在です。

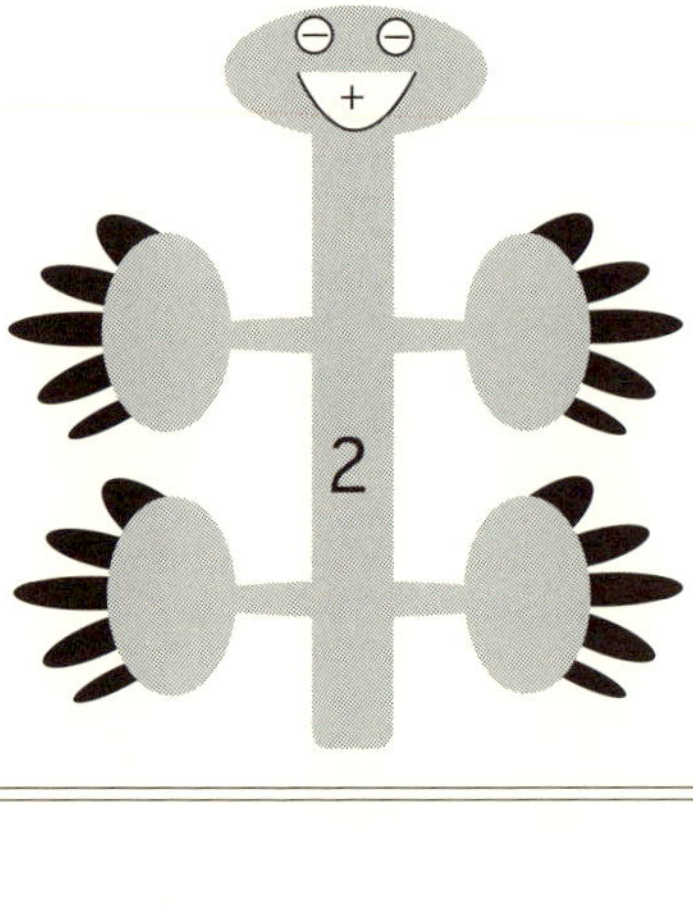

●「デンタくん」と計算式の比較

●下段の「デンタくん2号」で誰でも瞬時にできる計算（視算）を学校方式でやってみましょう。混乱する理由がわかると思います。
つまり、むり・むだなことを徹底的にさせているのです。

＜問題＞6＋7－4＋6　→　6　＋　7　－　4　＋　6　＝15

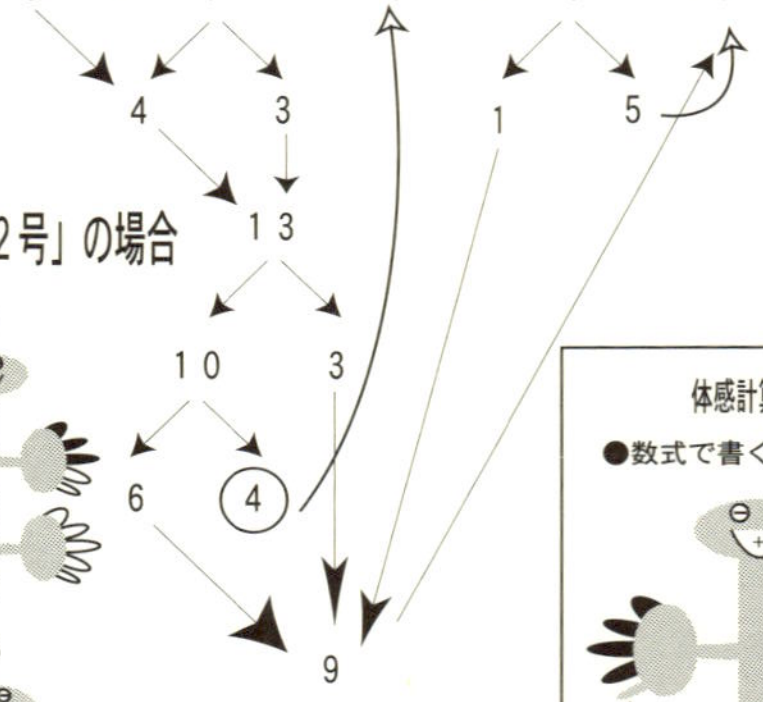

●これでは計算途中の数も意識できませんし全体の数の変化も意識できません。この方法では、残念ながら、どんなに多量の練習をしても「10の補数」の強制反復にしかなっていません。

●体感計算：指折算：「デンタくん2号」の場合

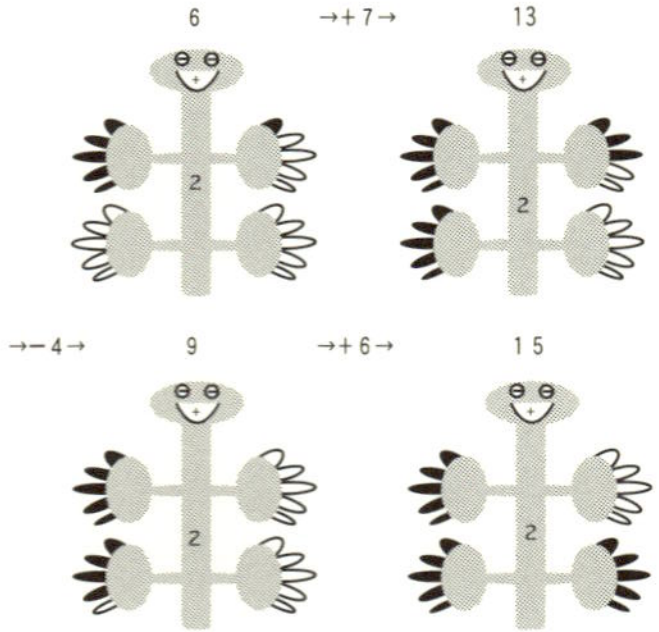

体感計算・指折算から生まれた「デンタくん」ならこんなこともラクラクです。

●数式で書くとピンときませんが「デンタくん」を感じると瞬時にわかります。

★多量の計算練習（特に暗算）の危険を回避するために「デンタくん」を復活させました！

「横筆算」の手順（デンタくんをシッカリ思い出しながら計算します）

73－46　→　⑥ 7③－④⑥＝27

手の動き	頭の動き
73－46	・計算記号の確認：引き算だな。
73－46＝	・等号を書きこむ。
7③－4⑥＝	・計算対象に○を書きこむ。 ※計算は一の位から一つずつ○を付けて確認しながら進めます。
6 7③－4⑥＝	・引かれる方が小さい場合には一桁上の数字（左）を\で消して、その上に-1した数字を書く。
6 7③－4⑥＝　7	・「デンタくん２号」を使って計算対象の計算をする。13－6＝7(右図) ・計算結果を書く。
⑥ 7③－④⑥＝27	・計算対象に○を書きこみ計算する。6－4＝2 ・計算結果を書く。

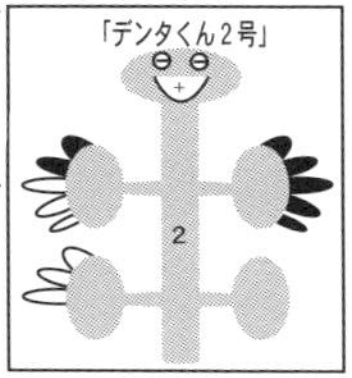

計算を思考力養成にする一桁の筆算

8＋9＝17

		8
＋		9
	1	7

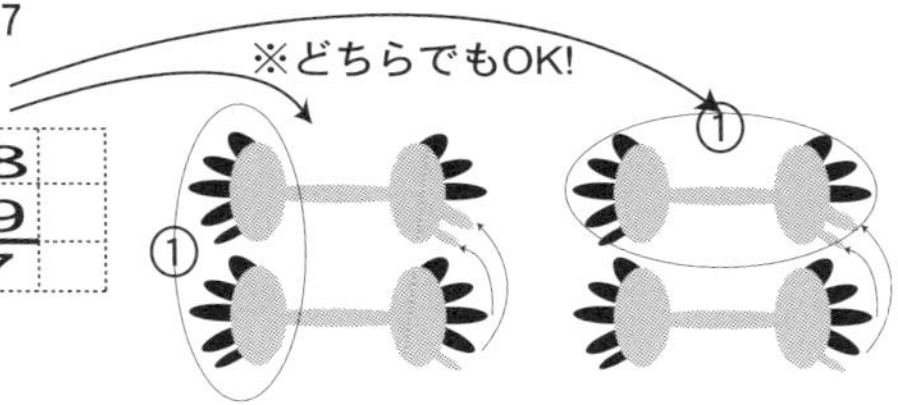

※繰り上がりは○数字にすると間違いません。
※視覚イメージは自在に動かすことが可能です。
※この自由な移動が式の変形を容易に導きます。

8－6＝2

		8
－		6
		2

※どちらでもOK!

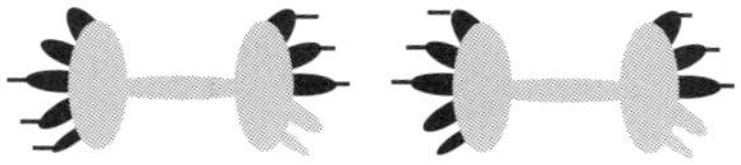

一桁の計算は誰でも簡単に暗算でできますが、そこを筆算という構造を目にしながら視覚イメージの操作練習をすることに使います。すると、計算でも思考力養成が可能になるのです。この方法なら、計算を速くする悪影響を回避しつつ計算も速くなり、思考力養成となる明確な視覚イメージの再現・操作を確実に養成できます。ただし、言葉とリンクしている視覚イメージではありませんので、多量に練習することに重きを置いてはいけません。味わいながら楽しんでするには１日１～２題が適量でしょう。

無限暗算ができる「横筆算」

●「横筆算」とは最小の筆算メモと「デンタくん２号」を使った半暗算です。もちろん、通常の筆算（縦筆算）をゆっくり正確に行うことが最も効果的な学習方法（計算練習）ですが、異常に多い計算の宿題などの危険を回避するために使って頂けるように公開します。比較するとわかりますが縦筆算は、すべての数の位が揃っているために一瞬で見直しの確認ができますし、計算過程も一目瞭然です。ですから、計算は「フィンガーイメージ・体感計算」「三角計算」「デンタくん２号」「筆算（縦筆算）」で学習するのが最も効果的なのです。ですが、ここではあえて横筆算を公開します。

※計算は一の位から一つずつ○をつけて確認しながら進めます。「デンタくん２号」は、もちろん頭の中で使います。

●<問題>326−197

1
32⑥−19⑦＝　9

※一の位に○。引けないので上のくらいの数字を1下げて書き換える(2→1)。そして、「デンタくん２号」で16-7=9を視算する。…a

2①
3②⑥−1⑨⑦＝　29

※十の位に○。引けないので上のくらいの数字を1下げて書き換える(3→2)。そして、「デンタくん２号」で11-9=2を視算する。…b

②①
③②⑥−①⑨⑦＝　129

※百の位に○。2-1=1。

a.１６−７＝９

b.１１−９＝２

●<問題>268870045−9088137

⑤ ⑦⑥⑨ ③
2⑥⑧⑧⑦⓪⓪④⑤−⑨⓪⑧⑧①③⑦＝259781908

※計算は一の位から一つずつ○をつけて確認しながら進めます。
※上記の計算で「デンタくん２号」を使うのは下記の４種類です。
もちろん頭の中に「デンタくん」をイメージして視算をします。

a.１５−７＝８

b.１０−１＝９

c.１６−８＝８

d.１８−９＝９

3 視算：「三角計算練習」

では、ここで三角視算表を使った「三角計算」を紹介します。

「三角計算」は、３つの数字の配置を、そのまま視覚イメージ再現することで、すべての計算に必要なルールである「10の補数と九九」を最速の暗算「視算」でできるようにするものです。

「視算」はたんなる視覚イメージの再現ですので、一度できるようになると一生できますし、練習不要で最速です。使うのは三つの数字を△になるように配置した「三角視算表（トライアングルナンバーズ）」一枚だけです（次ページ参照）。

構造は最上段が「10の補数」下の六段が「九九」を表しています。これ以外のユニットを使ってはいけません。不必要なこと（不要な暗記）をさせていては思考回路作成のじゃまになるからです。

では、３・７・21のユニットを使って「三角計算」の効用を検証してみましょう。

イメージするときのきっかけとして「九九」の暗唱を「さんしち」まで言えばスッと出てきます。するとイメージ再現した三つの数字を見ているだけで、じつはユニットの下に書いてある六種類の構造を毎回、目にすることになります。最初から、すべての意味（関係）を知っておく必要はありませんが、目にしておくことは非常に大事なのです。

■三角視算表3つの使い方

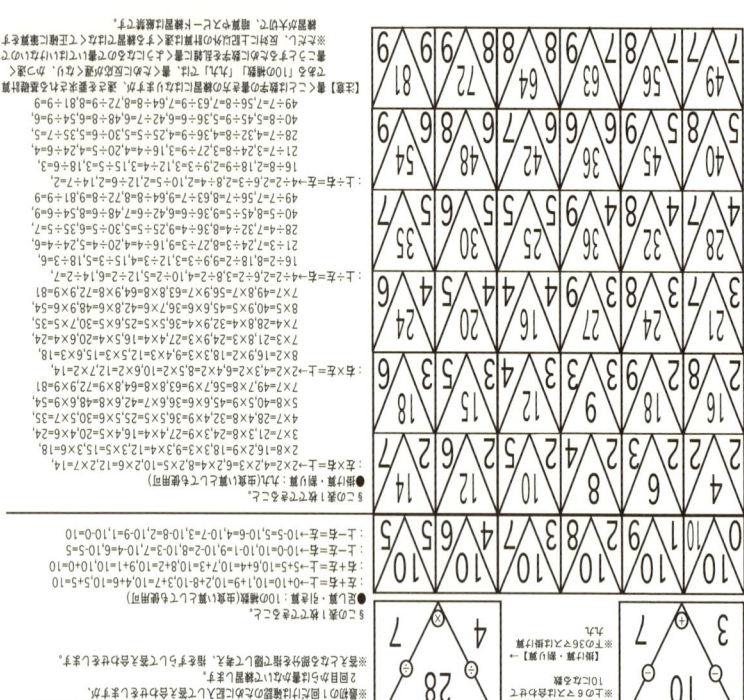

1 **九九表として**
世界で一番コンパクトな九九表&10の補数表

2 **四則計算相関表として**
四則計算（＋－×÷）の関係が自然にわかるようになります。

3 **視算練習表として**
最速の基礎計算力である視算と目で考える力を同時に育てることができます。

△三角視算表△

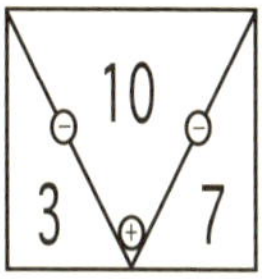

←【足し算・引き算】
※上の６マスは合わせて10になる数

【掛け算・割り算】→
※下の36マスは掛け算九九

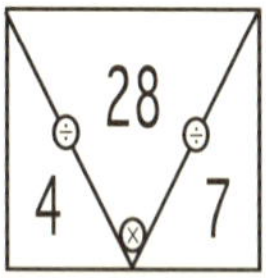

※大切なのは書かないこと。
10の補数の計算と九九だけは速さを要求されるので書かないで練習します。
※最初の１回だけは確認のために記入して答え合わせをしますが、
2回目からは書かないで練習します。
※答えとなる部分を指で隠して考え、指をずらして答え合わせをします。

10／0 10	10／1 9	10／2 8	10／3 7	10／4 6	10／5 5
4／2 2	6／2 3	8／2 4	10／2 5	12／2 6	14／2 7
16／2 8	18／2 9	9／3 3	12／3 4	15／3 5	18／3 6
21／3 7	24／3 8	27／3 9	16／4 4	20／4 5	24／4 6
28／4 7	32／4 8	36／4 9	25／5 5	30／5 6	35／5 7
40／5 8	45／5 9	36／6 6	42／6 7	48／6 8	54／6 9
49／7 7	56／7 8	63／7 9	64／8 8	72／8 9	81／9 9

§この表１枚でできること。
●足し算・引き算：10の補数(虫食い算としても使用可)
：左+右=上→0+10=10,1+9=10,2+8=10,3+7=10,4+6=10,5+5=10
：右+左=上→5+5=10,6+4=10,7+3=10,8+2=10,9+1=10,10+0=10
：上−左=右→10-0=10,10-1=9,10-2=8,10-3=7,10-4=6,10-5=5
：上−右=左→10-5=5,10-6=4,10-7=3,10-8=2,10-9=1,10-0=10

§この表１枚でできること。
●掛け算・割り算：九九(虫食い算としても使用可)
：左×右=上→2×2=4,2×3=6,2×4=8,2×5=10,2×6=12,2×7=14,
2×8=16,2×9=18,3×3=9,3×4=12,3×5=15,3×6=18,
3×7=21,3×8=24,3×9=27,4×4=16,4×5=20,4×6=24,
4×7=28,4×8=32,4×9=36,5×5=25,5×6=30,5×7=35,
5×8=40,5×9=45,6×6=36,6×7=42,6×8=48,6×9=54,
7×7=49,7×8=56,7×9=63,8×8=64,8×9=72,9×9=81
：右×左=上→2×2=4,3×2=6,4×2=8,5×2=10,6×2=12,7×2=14,
8×2=16,9×2=18,3×3=9,4×3=12,5×3=15,6×3=18,
7×3=21,8×3=24,9×3=27,4×4=16,5×4=20,6×4=24,
7×4=28,8×4=32,9×4=36,5×5=25,6×5=30,7×5=35,
8×5=40,9×5=45,6×6=36,7×6=42,8×6=48,9×6=54,
7×7=49,8×7=56,9×7=63,8×8=64,9×8=72,9×9=81
：上÷左=右→4÷2=2,6÷2=3,8÷2=4,10÷2=5,12÷2=6,14÷2=7,
16÷2=8,18÷2=9,9÷3=3,12÷3=4,15÷3=5,18÷3=6,
21÷3=7,24÷3=8,27÷3=9,16÷4=4,20÷4=5,24÷4=6,
28÷4=7,32÷4=8,36÷4=9,25÷5=5,30÷5=6,35÷5=7,
40÷5=8,45÷5=9,36÷6=6,42÷6=7,48÷6=8,54÷6=9,
49÷7=7,56÷7=8,63÷7=9,64÷8=8,72÷8=9,81÷9=9
：上÷右=左→4÷2=2,6÷3=2,8÷4=2,10÷5=2,12÷6=2,14÷7=2,
16÷8=2,18÷9=2,9÷3=3,12÷4=3,15÷5=3,18÷6=3,
21÷7=3,24÷8=3,27÷9=3,16÷4=4,20÷5=4,24÷6=4,
28÷7=4,32÷8=4,36÷9=4,25÷5=5,30÷6=5,35÷7=5,
40÷8=5,45÷9=5,36÷6=6,42÷7=6,48÷8=6,54÷9=6,
49÷7=7,56÷8=7,63÷9=7,64÷8=8,72÷9=8,81÷9=9

【注意】書くことは数字の書き方の練習にはなりますが、速さを要求される基礎計算である「10の補数」「九九」では、書くために反応が遅くなり、かつ速く書こうとするために数字を乱雑に書くようになるので書いてはいけないのです。
※ただし、反対に上記以外の計算は速くする練習ではなくて正確に筆算をする練習が大切で、暗算やスピード練習は厳禁です。

「九九」の暗唱は、ユニットをイメージするときのきっかけとしてはたいへん優れていますので重要項目ですが、再現するユニットは36コだけにします。「9×3は？」と言われても、頭の中で3×9＝27とすればいいのです。

ただし、**ここで大事なのは、答えではなく、三角形に配置された三つの数字全体の視覚イメージであることを忘れないでください。**「サン・シチ・ニジュウイチ」と言ったときに、3×7＝21の21だけを意識する場合と、「三角計算」で三つの数字の配置までイメージする場合とでは、応用力がまったくちがうからです。

3×7＝21では、前から3↓×↓7↓＝↓21と一種類の構造を意識するだけで終わって

3・7・21のユニットを使った「三角計算」

※毎回目にする構造

3×7＝21
7×3＝21
21÷3＝7
21÷7＝3
21/3＝7（3分の21）
21/7＝3（7分の21）

※三角視算表を使うことで、低学年のときから、何度も将来使う計算の構造を目にしておくことができますので、何の労力も使わずに優れた準備学習ができることになります。

しまいます。ところが「三角計算」では三つの数字の配置そのものをイメージするので、右の六種類の構造を毎回一瞬で意識する（自然に目にする）ことになります。

もちろん、分数を教わっていない段階でも配置はイメージできますから、分数を教わるときに新しく覚え直す必要さえなくなっています。

ですから「九九を高速で言える」練習ではなく、ゆっくりでも「三角計算をイメージできる」ように練習してください。

4 筆算：「命のタテ線忘れずに！」

筆算は小一の一桁同士の足し算から教えてください。当然、計算は指折算ですることになりますが、「筆算」という形は見せておく必要があるからです。

数字の構造を確認する場合にも、筆算を使うと理解が深まります。

低学年用のビジュアル筆算と、高学年用の余りのある割り算までの「筆算筆順帳」を紹介します。「筆算筆順帳」を使うと、唱える言葉と手の動作を一致させることで、〈割り算の筆算〉の筆順を自然に覚えてしまいます。

＜筆算の導入方法：ビジュアル筆算＞

●筆算の導入には「ビジュアル筆算」が効果的です。もちろん、最初は１桁からです。
・左のページに大きく一問だけお手本となる筆算を書いて、数字の横にコインを書く。
※百の位には百円玉、十の位には十円玉、一の位には一円玉
・子どもは左のページを見ながら理解して右のページにていねいに写していく。

＜足し算＞

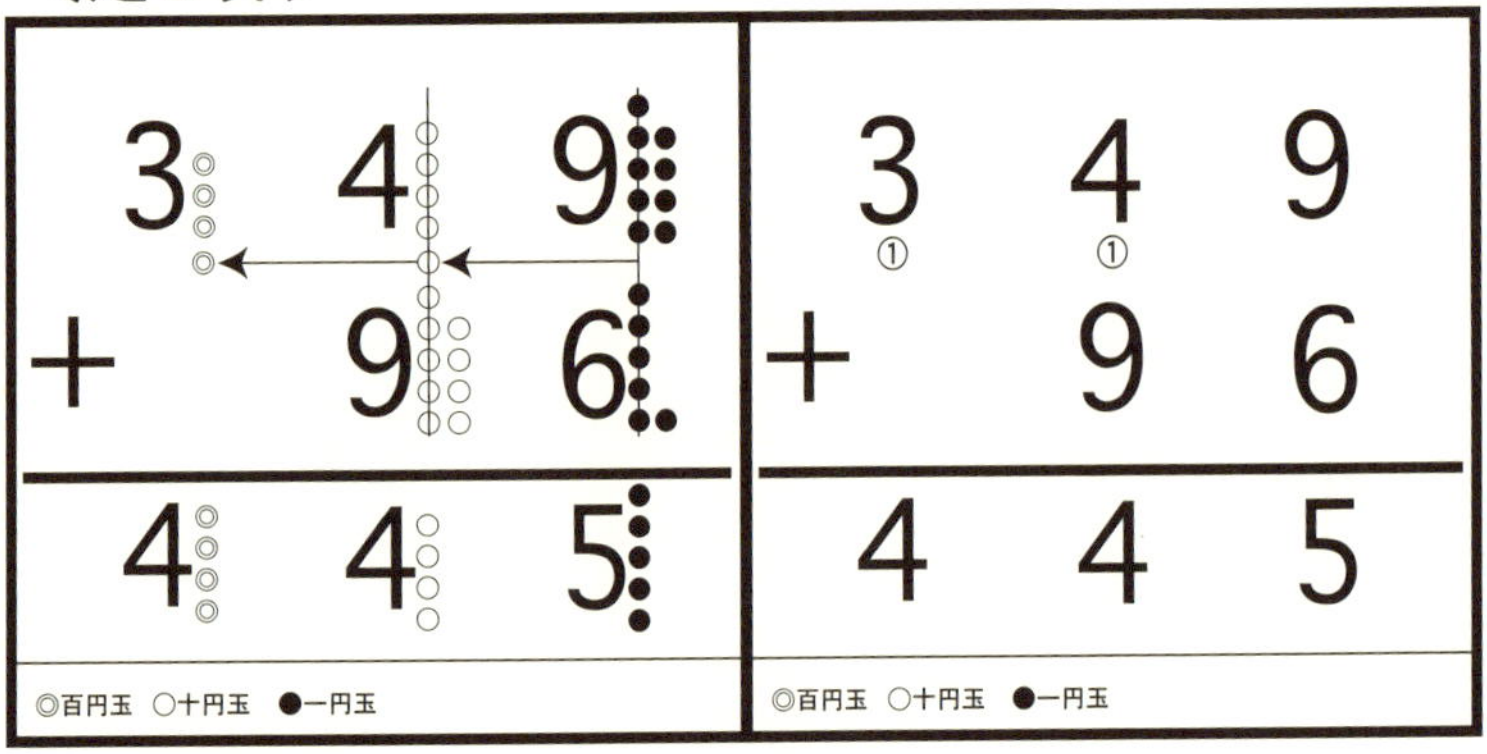

＜引き算＞

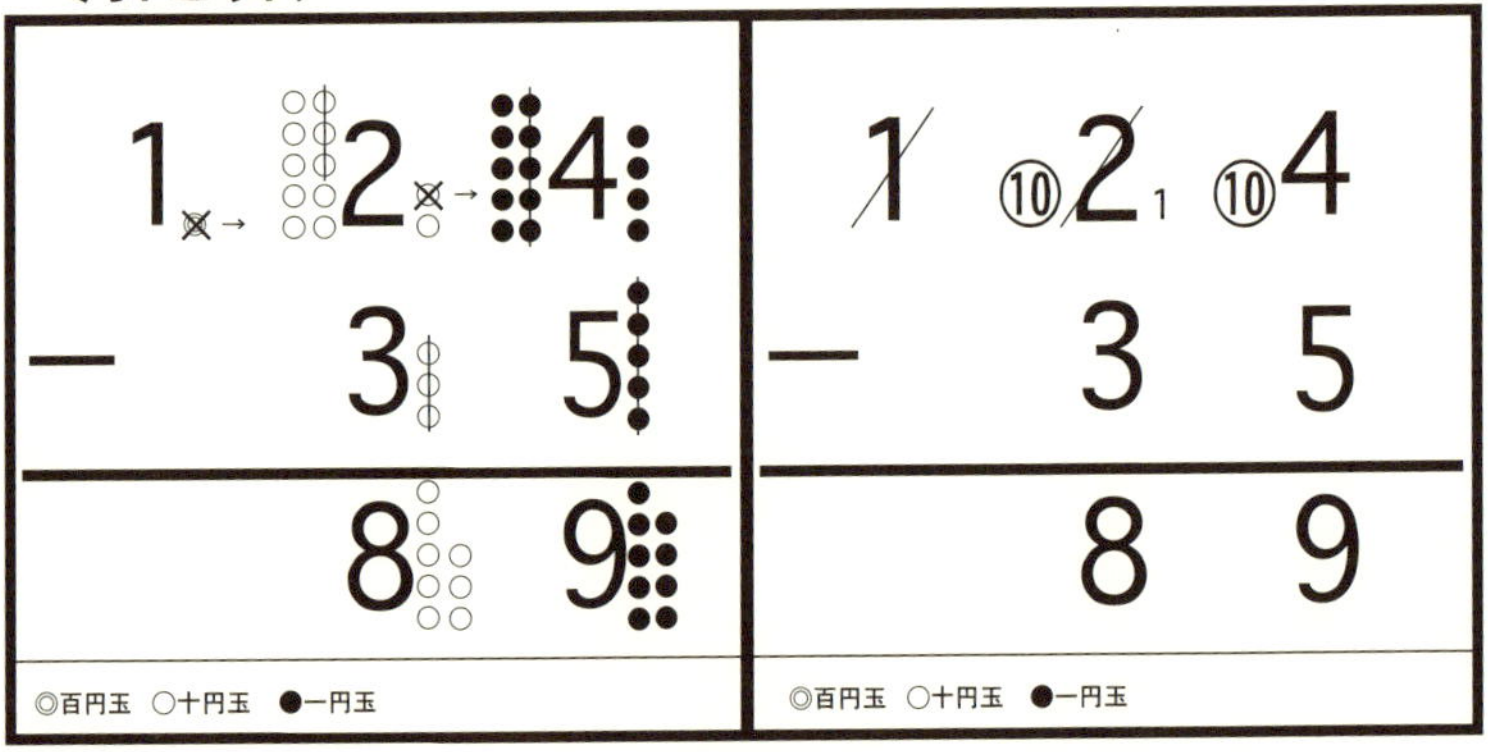

※お手本の絵図を見ながら、次第に絵図を数字で表せるように指導していきます。

筆算筆順帳：

問　題：456÷3＝　　計算式：456÷3＝152
書き順：①456→②わ→③る→④3→⑤は　　答　え：152

◎指でなぞって筆順・計算手順をマスターしましょう。

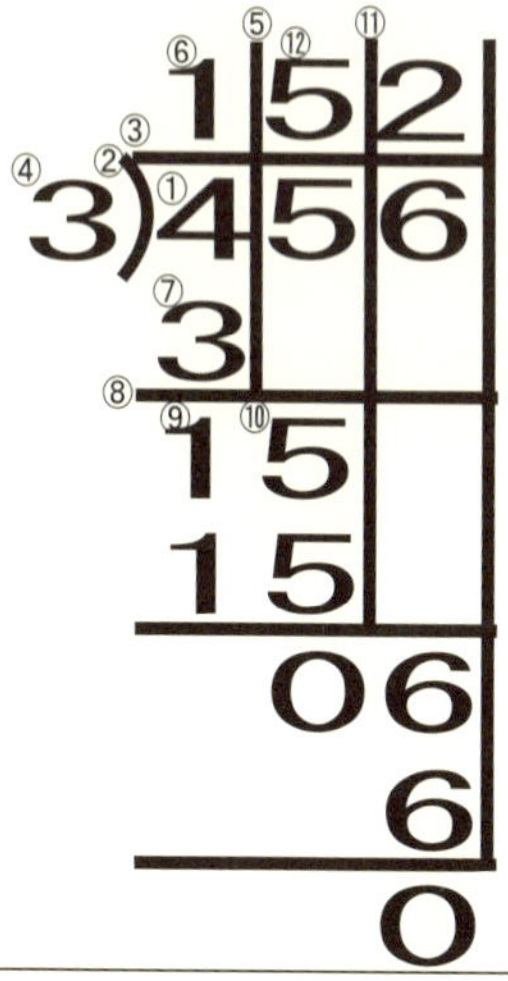

①～⑫は書く順番を表しています。⑫以降は同じ手順の繰り返しです。
命のタテ線を入れることで計算ミスはなくなります。

問　題：4567÷3＝　　計算式：4567÷3＝1522. . . 1
書き順：①あ→②まりは→③1　　答　え：1522あまり1

◎指でなぞって筆順・計算手順をマスターしましょう。

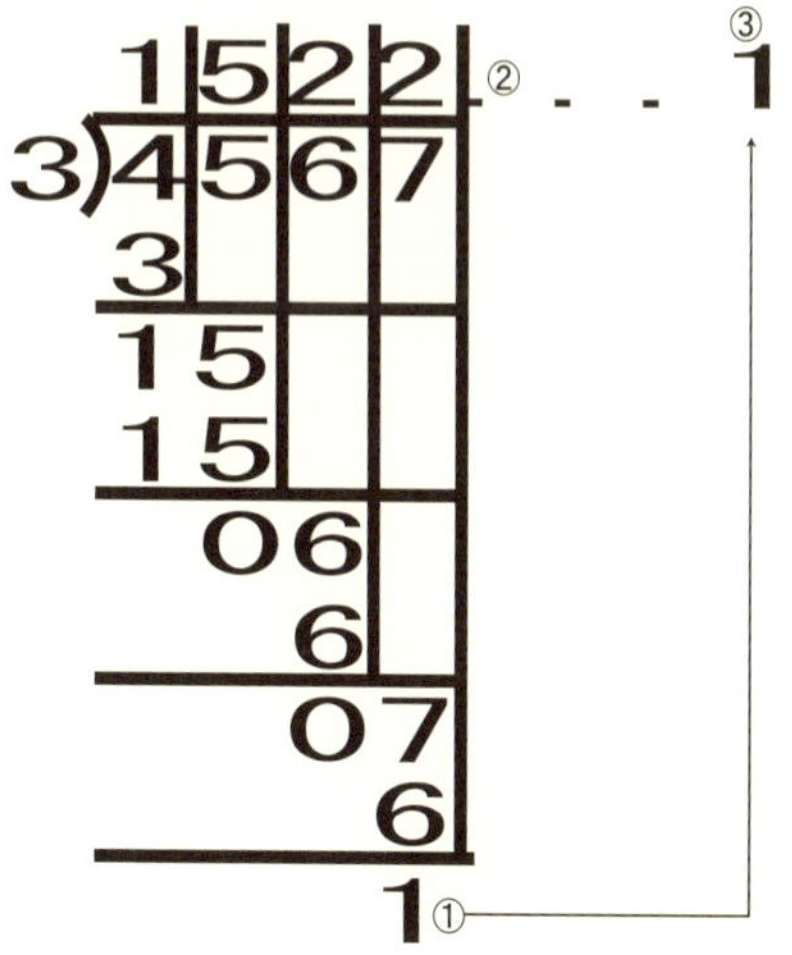

①～③は書く順番を表しています。
余りがある場合は確認を兼ねて矢印で移動先を確認します。

問題：9876543210÷18

〈計算ミスをしない工夫〉「命のタテ線忘れずに！」

```
      548696845
   ┌──────────
18 ) 9876543210
     90
     ──
      87
      72
      ──
      156
      144
      ───
       125
       108
       ───
        174
        162
        ───
         123
         108
         ───
          152
          144
          ───
            81
            72
            ──
             90
             90
             ──
              0
```

「命のタテ線」……筆算は計算する数字の位がそろっていることが最大のメリットですから、だれでもむりなく位をそろえることができる工夫が大事です。そこで計算を考える部分の数字の右にタテ線を書きこみます。こうすると、数字が斜めになっても曲がっても大丈夫だからです。

式　：9876543210÷18=548696845

答え：548696845（単位があれば忘れずに！）

掛け算筆算二重線：「楽々二重線」の利用

問　題：456×37=　　　計算式：456×37=16872

答　え：16872

```
   456
×   37
------
 1+2 3 4      ←十の位を書く位置
              （42の4、35の3、28の2、繰り上がりの１）
  3192
------
1  1  1       ←十の位を書く位置
              （18の1、15の1、12の1）
1368
------
     1        ←十の位を書く位置
              （繰り上がりの１）
16872
```

＜工夫＞

①「九九の暗唱」は小さい数×大きい数字で唱えてトライアングルナンバーズを思い出す。
掛け算の順番は7×6でも頭の中では「6・7・42」のユニットを思い出して使う。

5 計算式：計算式と筆算の区別をする

計算は
①筆算
②式（立式・計算式）
③答え
と区別して書きます。筆算はメモですが、計算過程が記録され、再確認ができますので、小一からゆっくり教えてけっこうです。一桁どうしでも、指折算と同時に筆算を練習します。

計算式とは算数語のことで、横に書く式のことです。これはもっとも計算がわかりにくく、本質的にはたんなる言葉の羅列ですので重要ではありません。

いちばんいけないのが、この横の式を書いて計算は暗算でして答えを出す方法です。

答えは式の中の単位のついていない数字ではなく、設問にたいする答えのことですので、単位が必要です。

したがって、最終的には「絵図」→「筆算（これは絵図での計算の補助）」→「絵図の中に書きこむ答え」→「計算式」→「答え」で完成します。

6 すべては分数で考える

小数計算は、理屈だけ学習したら、実際の計算はすべて分数でおこないます。

～お宝算～「掛け算・割り算・お宝算、小数なんかも分数に変えてしまってお宝算」

●お宝は、いつもきれいにそろっている完成品ばかりではありません。
バラバラのカケラになっているものもあります。カケラでもお宝はお宝です。

大切に扱います。ここでは、宝のカケラを表す方法を勉強します。

「カケラを表す小数点、一つのカケラがワンピース」

カケラてん
0.1（れい　てん　いち）
小数点（しょうすうてん）

●カケラを表すカケラ点を算数では小数点と呼びます。ですから、小数点がついている数字を小数といいます。カケラが混じっている宝を表すのに使います。カケラにも大きさがあります。右の数字ほど小さなカケラを表しています。※小数点以下の読みに位取りはありません。

これが宝１個

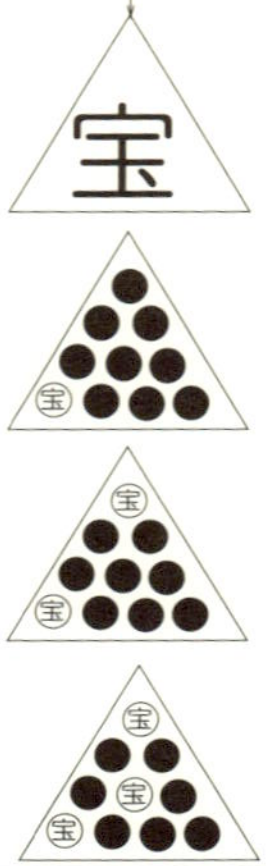

1（$\frac{1}{1}$）

0.1（$\frac{1}{10}$）

※0.1＝1/10

0.2（$\frac{2}{10}$ ＝ $\frac{1}{5}$）

※0.2＝2/10

0.3（$\frac{3}{10}$）

※0.3＝3/10

0.326《れい　てん　さん　に　ろく》

10カケラの３カケラ（場所名：小数第１位）
100カケラの2カケラ（場所名：小数第２位）
1000カケラの6カケラ（場所名：小数第３位）

宝を1000カケラにした時の326カケラ

つまり、0.326＝326/1000＝ $\frac{326}{1000}$

●分数で表せない数はありません。分数で計算できない計算もありません。
小数の計算も分数に変換すると簡単にまちがいなく計算できます。

ここでは小数を分数に書き換える練習をします。

※1/10は $\frac{1}{10}$ のことです。

×・÷の本当の意味（これで分数の割り算もわかる）

●「×と÷は反対の意味を表している算数語です」
◆A×B→１に対する値がAのとき、Bに対する値を表している
◆A÷B→ Bに対する値がAのとき、１に対する値を表している

┌×の前の■は単位量（１に対応する量）
＜掛け算＞→■×A→単位量(１に対する量)■を使って、
Aに対応する量を求めるということ
↑
逆の意味
↓
┌÷の前の■はAに対応する量
＜割り算＞→■÷A→Aに対応する量■を使って、
単位量(１)に対応する量を求めるということ

●まず、小学生には「〜につき」「〜に対して」「〜当たり」「〜に対応する」などは難しい言葉ですが何度も説明して言葉の理解をさせます。
それから、割り算を教えるときに使われている記号の意味を正しく教えます。

→×の前に１人でもらえる量が書いてあるので、３人でもらえる量を求めなさい

［１人でもらえる量］×３＝［３人でもらえる量］

例：１５×３＝４５(１人でもらえる量が１５なので、３人でもらえる量は１５×３＝４５)

→前に３人でもらえる量が書いてあるので、１人でもらえる量を求めなさい

［３人でもらえる量］÷３＝［１人でもらえる量］

例：１５÷３＝５(３人でもらえる量が１５なので、１人でもらえる量は１５／３＝５)
１５÷３＝１５×１／３＝５となることもわかります。

＜分数でも同じです＞

→×の前に１人でもらえる量が書いてあるので、1/3人でもらえる量を求めなさい

［１人でもらえる量］×１／３＝［１／３人でもらえる量］

例：１５×１／３＝１５÷３＝５(１人でもらえる量が１５なので、1/3人でもらえる量は１５×1/3＝15÷３＝５)

→前に1/3人でもらえる量が書いてあるので、１人でもらえる量を求めなさい

［１／３人でもらえる量］÷１／３＝［１人でもらえる量］

例：１５÷１／３＝１５×３＝４５(１／３人でもらえる量が１５なので、１人でもらえる量は１５×３＝４５)

■分数での割り算が分数の逆数での掛け算になる理由も簡単にわかりますね！

〜お宝算（分数）の考え方〜

「掛け算・割り算・お宝算、小数なんかも分数に変えてしまってお宝算」

●宝の山を海賊・レオン一家が山分けします。レオン一家は季節によって人数が変わります。季節毎にフラフラと旅に出るからです。宝の山は毎回、みんなが、同じ数の宝をもらえるように人数で均等に分けます。山分けするときの計算に使うのが「お宝算」です。ですから、レオン一家になりたい人は必ず「お宝算」を勉強しなければなりません。

お宝
人数

※これが見えるように！　※これが見えるように！

$$\frac{15}{3} = \frac{5}{1} = 5$$

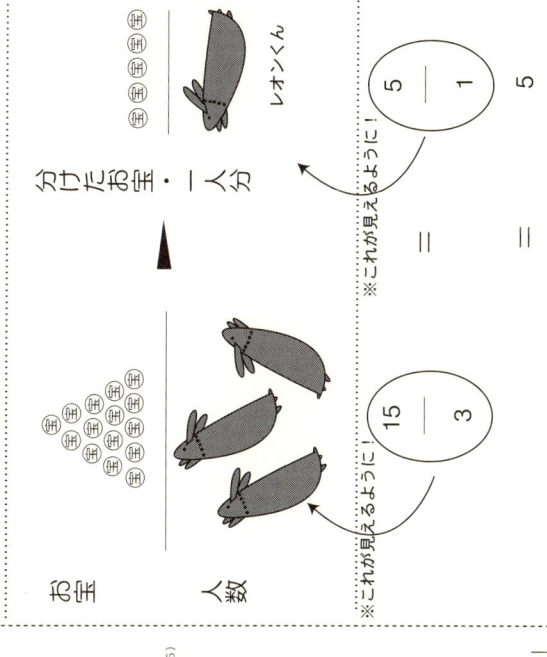

計算の基本練習

計算の基本練習とは高速で単純計算を繰り返すことではありません。どんな問題にでも応用できる基本的な考え方（計算手順）を確実にマスターすることです。

また、「10の補数と九九」以外の暗算が何の役にも立たないことは、複雑な計算問題をていねいにしてみればすぐにわかります。

計算の基本（一度にしないでていねいに基本を繰り返す）

1.小数は分数にする

2.帯分数は仮分数にする

3.÷は×に置き換える（整数は分母が1の分数）

4.分母をそろえる：通分する（約分できる部分は先に約分する）

※ポイント→分母を最小公倍数にする必要はまったくない（どんなに大きくなってもOK）

※積の形のままでもOK（×を残しておくと途中での約分にも利用できる）

※方程式の場合は分母を払う（同じ数を両辺に掛けて分数を整数にする）

●計算以前のこれらの手順が本当の基本です

5.「10の補数と九九」以外は筆算で計算する

練習問題：開成中学2002年度入試問題1-(1)

$$1\frac{1}{5}\times(\square-1.75)\div2\frac{1}{3}+\frac{1}{4}=0.55$$

⇩・小数→分数　⇩・小数→分数

$$1\frac{1}{5}\times(\square-\frac{175}{100})\div2\frac{1}{3}+\frac{1}{4}=\frac{55}{100}$$

⇩・帯分数→仮分数　⇩・帯分数→仮分数

$$\frac{6}{5}\times(\square-\frac{175}{100})\div\frac{7}{3}+\frac{1}{4}=\frac{55}{100}$$

⇩・逆数を掛ける

$$\frac{6}{5}\times(\square-\frac{175}{100})\times\frac{3}{7}+\frac{1}{4}=\frac{55}{100}$$

⇩・5で約分（25でもいいが基本ではない）　⇩・5で約分

$$\frac{6}{5}\times(\square-\frac{35}{20})\times\frac{3}{7}+\frac{1}{4}=\frac{11}{20}$$

⇩・5で約分（25でもいいが基本ではない）

$$\frac{6}{5}\times(\square-\frac{7}{4})\times\frac{3}{7}+\frac{1}{4}=\frac{11}{20}$$

⇩・見やすいように移動（見にくいとまちがえます）

$$\frac{6}{5}\times\frac{3}{7}\times(\square-\frac{7}{4})+\frac{1}{4}=\frac{11}{20}$$

⇩・両辺に×4（一度にしない）

$$4\times\frac{6}{5}\times\frac{3}{7}\times(\square-\frac{7}{4})+1=\frac{11}{5}$$

⇩・両辺に×5

$$4\times6\times\frac{3}{7}\times(\square-\frac{7}{4})+5=11$$

⇩・両辺に×7

$$4\times6\times3\times(\square-\frac{7}{4})+35=77$$

⇩・両辺に-35

$$4\times6\times3\times(\square-\frac{7}{4})=42$$

⇩・両辺に÷6

$$4\times1\times3\times(\square-\frac{7}{4})=7$$

⇩・見やすいように書き直す

$$12\times(\square-\frac{7}{4})=7$$

⇩・両辺に÷12

$$(\square-\frac{7}{4})=\frac{7}{12}$$

⇩・（　）を外す

$$\square-\frac{7}{4}=\frac{7}{12}$$

⇩・両辺に$+\frac{7}{4}$

$$\square=\frac{7}{12}+\frac{7}{4}$$

⇩・12で通分（簡単な時だけ最小公倍数を使う）

$$\square=\frac{7}{12}+\frac{7\times3}{4\times3}$$

$$=\frac{7+21}{12}$$

$$=\frac{28}{12}$$

・2で約分（基本は小さい数で割る）

$$=\frac{14}{6}$$

・2で約分

$$=\frac{7}{3}$$

・帯分数にしなくてもOK

$$=2\frac{1}{3}$$

答え：$\frac{7}{3}$ $\left(2\frac{1}{3}\right)$

◆　◆　◆

『危険な指導、危険な宿題』

危険な指導例が数多く報告されていますので、代表例を一部紹介します。

①45通りの10までの足し算カードの暗記「10までのたしざんは45通りあります。この組み合わせを覚えて、すぐに答えが出るようにしましょう」・・・？

さらには10以下の分解のセットまで暗記させる人がいますが、まったくのむだです。

5のセット「1-4」「2-3」「3-2」「4-1」

7のセット「1-6」「2-5」「3-4」「4-3」「5-2」「6-1」

などなど……すべて感情教育に悪影響を与えるうえに応用をきかなくさせます。

⬇すべて「デンタくん」なら何の弊害もなく自由自在に最初から最速で一瞬です。

※数の分解と合成を、体感計算「デンタくん」ではなく棒暗記で覚えて計算を速くすることは、弊害が出るばかりでなく応用のきかない頭を育てることになりますので、「できてもしない」「できてもさせない」ことが大事です。

棒暗記で覚えた数の分解と合成を利用して計算するようになってしまうと、他の数の分解と合成もできなければ不安になってしまいますし、応用もききません。さらに重大なことには、棒暗記では体感を使わないようにしますので、感覚をまひさせてしまう危険性があるということです。

「指折算・デンタくん」なら感情養成にも何の弊害もありませんし、練習も5分程度で完璧ですし、応用もきくのに復習は不要です。無意味で危険な棒暗記は絶対にさせないでください。

②掛け算「九九の暗唱」のカード81枚の暗記

➡三角視算表1枚：「九九」は36通りでOKです。

③式の変形

➡「デンタくん」なら最初から自由自在です。

④加減暗算：繰り上がり繰り下がり

➡「デンタくん2号」で「横筆算」を使えば無限にできます。

⑤乗除暗算

➡筆算「縦筆算」を使えば無限にできます。

⑥小数計算　※計算方法（理屈）は学習します。

➡小数は分数に変形することで、約分だけでできます。

⑦分数計算時の最小公倍数での通分

➡通分は公倍数なら何でもいい：約分しながら計算すれば何の迷いもなく一〇〇パーセントできます。

※以上の工夫だけでも宿題やむだな学習時間は一〇分の一以下になりますし、学力も応用力も簡単に養成できます。国語や他の教科でも同様です。

◆　◆　◆

◇不要な計算練習をさせてはいけない

不要な計算練習をしてはいけない理由は、計算練習そのものが思考回路作成のじゃまをするからです。

12×2＝24くらいは暗算でやれたほうがいいと言う人がいますが、大まちがいです。

複雑な計算をしてみると、理由がわかります。

912×872＝795264　の計算に12×2　はあるように見えますが、12×2＝24　は使いません。使っているのは2×2＝4と2×1＝2ですね。

つまり、計算力アップと思ってやっている、この手の学習は、応用のきかない方法を身につけ強化している（同時に、貴重な時間を浪費している）危険な学習だということです。

では計算練習はしなくていいのでしょうか？

もちろん、します。むりなくむだなく効果的にするんです。そのための工夫を施した教材が、「これだけ算数・計算編」です。危険な手抜きドリルと比較してみてください。

これだけ算数・計算編

<もんだい>　　　　<こたえ>

14+9=　　　　14+9=23

```
   14
+   9
   23
```

87−8=　　　　87−8=79

```
   87
−   8
   79
```

ココをおりまげてつかいます

※これだけでOK！

324×29=　　　　324×29=9396

```
   324
×   29
  2916
  648
  9396
```

14÷3=　　　　14÷3=4あまり2

```
    4 …2
3)14
  12
   2
```

ココをおりまげてつかいます

※これだけでOK！

76×23=　　　　76×23=1748

```
    76
×   23
   228
  152
  1748
```

82+97=　　　　82+97=179

```
   82
+  97
  179
```

ココをおりまげてつかいます

※筆算はメモなので計算式にも答えを書く！
※点線で折り曲げて、計算してから広げるとすぐに答え合わせができます。
※まちがえた部分も一目瞭然です。

■筆算は自力で書き起こすことが大切

■左は右の筆算をできるようにすればすべて不要な暗算練習

■左は計算過程の記録も見ることができないので練習には不向き

使ってほしくない計算ドリル

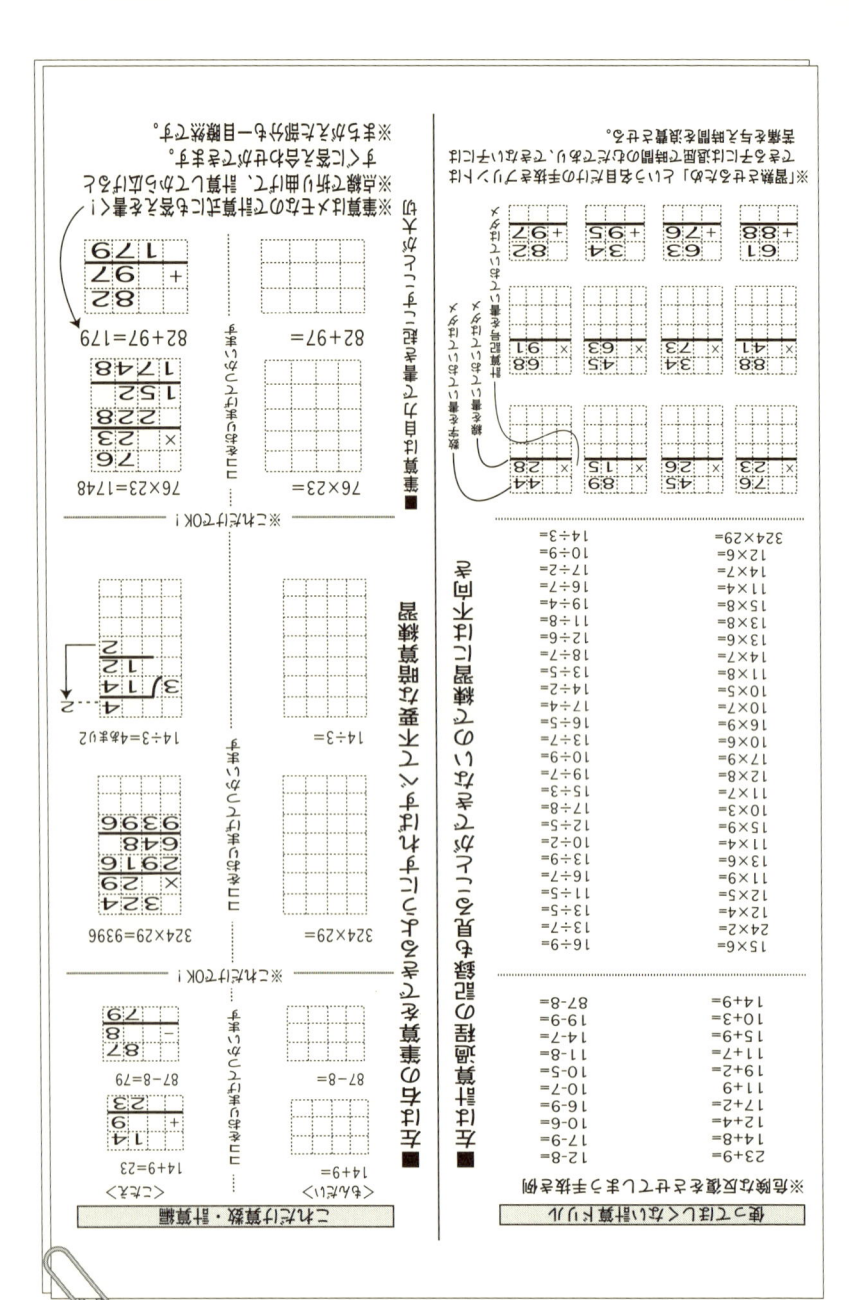

※危険な反復をさせてしまう手抜き例

23+9=	12-8=
14+8=	17-9=
12+4=	10-6=
17+2=	16-9=
11+9	10-7=
19+2=	10-5=
11+7=	11-8=
15+9=	14-7=
10+3=	19-9=
14+9=	87-8=

15×6=	16÷9=
24×2=	13÷7=
12×4=	13÷5=
12×5=	11÷5=
11×9=	16÷7=
13×6=	13÷9=
11×4=	10÷2=
15×9=	12÷5=
10×3=	17÷8=
11×7=	15÷3=
12×8=	19÷7=
17×9=	10÷9=
10×6=	13÷7=
16×9=	16÷5=
10×7=	17÷4=
10×5=	14÷2=
11×8=	13÷5=
14×7=	18÷7=
13×6=	12÷6=
13×8=	11÷8=
15×8=	19÷4=
11×4=	16÷7=
14×7=	17÷2=
12×6=	10÷9=
324×29=	14÷3=

76×23　45×26　89×15　44×28

88×41　34×73　45×63　68×91

61+88　63+76　34+95　82+97

数字を書いておいてはダメ
線を書いておいてはダメ
計算記号を書いておいてはダメ

※「習熟させるため」という名目だけの手抜きプリントはできる子には退屈で時間のむだであり、できない子には苦痛を与え時間を浪費させる。

◇思考力を伸ばす「良質の算数文章問題」

さて、いよいよどんぐり倶楽部の「良質の算数文章問題」をご紹介しますが、その前に、年長さん向けの問題を使って「わかる・考える」の仕組みと、思考力養成には何が必要で効果的なのかを体験していただきます。

●問題を読む前の注意事項

1　まず、問題を一回だけ読んで、頭の中だけで答えを出してください。絶対に読み返してはいけません。

2　次に、紙と鉛筆を使って問題を一回だけ読んで、式だけで答えを出してください。読み返してはいけません。

3　次に、絵図を描きながら問題を一回だけ読んで、式は書かないで答えを出してください。読み返してはいけません。

4　次に、絵図を描きながら問題を一回だけ読んで、まずは式は書かないで答えを出して、絵図を見ながら式を書いてください。絵図は何度見てもけっこうですが、読み返してはいけません。

では、はじめましょう。

【年長向け03】 ■ここは　くらげのうみです。まいにち　たくさんの　くらげが　あつまってきます。きょうは　きのうよりも　5ひきおおいようです。きのうの　くらげは　6ぴき　でした。あしたもまた　きょうと　おなじかずだけ　ふえるとすれば　あしたは　くらげは　なんびきになるでしょうか。▼答え・16ぴき

1は解けない人が多いでしょう。ここで、簡単に解くと天才と言われます。

2は文章問題を数多く解いている人は解けるでしょう。

3は正しく絵図を描いてさえいれば、だれでも解けるでしょう。この問題が年長さん向けである理由でもあります。

4は立式できなかった人も立式できるようになる過程を味わうことができる方法です。
※式は文章からつくるのではなく、絵図からつくるのが基本なのです。この基本を忘れたまま文章から立式していると「簡単な問題は立式できても複雑な問題は立式できない」あるいは「先に式が思いつかないと、わからないと思いこんでしまう」立式病にかかってしまいます。

1でむずかしいと感じる部分とその理由を明確にすると、効果的な学習方法もわかります。

むずかしいと感じる部分は、「きょうは　きのうよりも　5ひきおおい」とあるのに基準となる数がわからないので「きょう」の数が確定できないと思いこむ——これは学力ではなく、習慣です。

このように、**全体図を見ることをしない習慣がついていると、全体図を思い描く力が育ちにくいので、直線的に結果としての答えが見えないと動けない（考える気にならない）のです。**

「九九の暗算」と全体がつねに見えている状態のまま答えもわかる「三角視算表」のちがいと同じ理屈です。全体図を見るほうが格段に応用力があるのです。

また、「あしたもまた　きょうと　おなじかずだけ　ふえるとすれば」で、「きょう」の数がわかっていないので混乱する——これも、お粗末な学習習慣が原因です。

頭の中でのイメージ保存（思考力の基本）ができていないと、問題文中の数字がどこのことを指しているのかわからない（見えない）ので、数字だけが目について混乱します。

そこで、デタラメに足したり引いたりがはじまるのです。

しかし、確かな視覚イメージ再現ができればこのような混乱は起こしません。

では、ここでみなさんに天才（の思考）になってもらいます。先ほどの問題を絵図で描いておきます（言葉の視覚イメージ化をしておきます）ので、問題文をゆっくり読み、納得するまで絵図を見て、絵図を覚えて（再現できるようにして）ください。

1　ここは　くらげのうみです。まいにち　たくさんの
くらげが　あつまってきます。

●●　●●●　●　●●●　●●●

2　きょうは　きのうよりも　5ひきおおいようです。

きのう　　　　きょう
？？？　　　　？？？
　　　　　　　●●●●●

3　きのうの　くらげは　6ぴき　でした。

きのう　　　　きょう
●●●●●●　　●●●●●●
　　　　　　　●●●●●

4　あしたもまた　きょうと　おなじかずだけ
ふえるとすれば

きのう　　　　きょう　　　　あした
●●●●●●　　●●●●●●　　●●●●●●
　　　　　　　●●●●●　　　●●●●●
　　　　　　　　　　　　　　○○○○○

5　あしたは　くらげは　なんびきになるでしょうか。

きのう　　　　きょう　　　　あした
●●●●●●　　●●●●●●　　●●●●●●
　　　　　　　●●●●●　　　●●●●●
　　　　　　　　　　　　　　●●●●●
　　　　　　　　　　　　　　↓
　　　　　　　　　　　　　　16

どうですか？　簡単ですね。だれもがもっている視考力を使えば、だれもが「ふつうに天才」になれる理由です。

では、次の問題を解いてみてください。今度は紙も鉛筆も計算式も使いません。でも、できます。視考力の使い方を経験したからです。

【年長向け09】 ▒うちゅうからの　おくりものを　もっているひとが　います。そのおくりものは、1にちで　4ほんの　ふしぎなはなを　にわに　さかせるそうです。いま、にわには8ほんのふしぎなはなが　あります。きょうのぶんのはなは　いまからさくようです。　では、あしたのぶんまで　いれると、　にわには　なんぼんのふしぎなはなが　さくことに　なるでしょうか。

答えは、16本です。絵図を描けば簡単ですが、頭の中だけでは視覚イメージの保存力がなければちょっとやっかいです。でも、方法（視覚イメージを使うこと）を知っているので必ずできます。

みんなが天才になる（頭の中だけの視覚イメージを使って答えまで出す）必要はありま

せんし、このように、手を使って絵図を描き、目を使ってその情報を取り入れながら考えれば、だれでも簡単に天才と同じことができるのですから、大いに絵図を利用し、視考力を活用して思考力養成を楽しみましょう。

●「良質の算数文章問題」なら国語力もつく

「良質の算数文章問題」は、シーン展開も含んでいますので、国語力（読解力）も養成できます。

算数と国語のちがいは、一シーンの細部描写（再現）か多数シーンの曖昧描写（再現）かのちがいです。

本質的には（視覚イメージ再現という点においては）まったく同じなのですが、細部描写には根気と緻密さが必要ですし、複数シーンの流れをつかむには大まかな理解（再現）で数多くのシーン理解（再現）をする、あるいは完全に理解しなくても次に行く大雑把さ（こだわりすぎないこと）が必要になります。

ここで大事なことは、精細（緻密なこと）から大雑把になることは比較的簡単ですが、逆はむずかしいということです。整理整頓ができる人が乱雑にするのは簡単ですが、日頃から乱雑にしている人が整理整頓するのはむずかしいということです。

「良質の算数文章問題」は、緻密さを要求されます。しかもかなり高度な緻密さです。さらに、ストーリー性を加えてありますから、解きながらの遊びがあります。

じつはこれが国語の複数シーンの把握につながるのです。算数の文章問題が楽しくなければいけないのは「飽きないように」ではなく、国語力もつけるためなのです。ですから、「良質の算数文章問題」はこれだけでも国語力も算数力もつくのです。

◆　◆　◆

「算数で国語が伸びた!」

「良質の算数文章問題」を使っている先生方の言葉を紹介します。

●うちの塾では国語はやっていないのです。でも去年、小六の子のお母さんから「文章題をやるようになってから国語が『わかる』というようになりました。国語大っきらいだったんですが」という電話をいただきました。もう一人小五の子、「先生、最近、国語でも絵が見える」と。

●ちなみに、中学生にも、今年から小学生同様、絵を描きながら文章題をさせています。そのなかで、うちの中三生ですが、国語が飛躍的に伸びた子がいます。信じていただけないかもしれませんが、中二の三月に受けた実力テストの国語の偏差値が46、中三の六月に受けたテストの国語の偏差値は60（しかも、古典だけが平均点を大きく下回り、それ以外は満点）。さすがに、わが目を疑いました。「古典を人並みに取っていたら、偏差値どうなっていただろうね。この夏は古典を頑張ろう」と思わず彼に言いました。

うちでは、国語の問題集を解かせていませんし、特別な国語対策もとっていません（塾の宿題もありません。学校の予習・復習が宿題だと言っています）。あるとすれば、とにかく読書をいつも勧めているぐらいです。読書だけでそんなに上がるわけありませんから、絵を描きながら文章題を解かせたことが、もしかして直接的な原因になったのかなあと思っています。

◆ ◆ ◆

国語の読解とは、「文字→視覚イメージ再現」までです。深い読解でも、「確かな視覚イメージ→感情（体感）再現」までです。

これは、毎回「良質の算数文章問題」でやっていることです。年長さんでも、「言葉→視覚イメージ再現→絵図（もっとも明確な視覚イメージ再現）→視覚イメージ操作→視覚イメージ抽出→過程の記号化（文字化：説明：計算式）」をふつうにやっています。

「良質の算数文章問題」を絵図で解いている子どもたちにとっては、国語の読解は「遊び」みたいに簡単なんです。描きだす必要もないので、場面の展開が速くても、楽々と追うことができます。ですから、「算数をやっているのに国語も伸びる」のは当然なのです。

注意しなければいけないことは、視覚イメージの再現にはオリジナルを使うという点です。オリジナルでないと自在に操ることがむずかしくなるうえに、感情の再現もむずかしくなるからです。幼児・児童期の多量の知識が応用力に発展しない理由もここにあります。ところが、絵図を使うと、この難題も一瞬で越えられます。

どういうことでしょう?

絵図に描き起こした時点で、同じ絵図は絶対にないのですから、目の前の絵図はその子自身のオリジナルになるのです。このことが非常に大事なのです。

絵画を描くということは、たんに問題を解きやすいようにするというレベルの話ではないのです。自己アイデンティティーの確立にもつながることなのです。

こうして、**オリジナルの視覚イメージ再現ができるようになっていると、視覚イメージからの感情再現（視覚イメージを明確にすることで再現される感情を感じること）が可能になります。**借り物（コピー）では感情は感じられません。というより、借り物（自分のものではない偽物）で感情再現できるようにしてしまうことは、じつは危険きわまりないことなのです。

それなのに、「勉強」という名目で感情までコピーする（させる）人がいます。はなはだ危険な教育です。なぜならば、この学習方法（国語のパターン学習）の行き着くところは、自分の感情がわからなくなるということだからです。とくに、超難関中学受験対策としての（自分の楽しみではない）国語の勉強は、この感情養成が関係してきますので、子どもの本当の成熟度を見きわめて、細心の注意を払いながら指導しなければいけないところです。

表現力・作文力なども、この考え（理論）を知らなければ、たんなる言葉遊びになってしまいます。ですから、小学校での表現力養成は危険な場合が多いのです。

ところが理屈を知らない人は、「算数で論理的な考えができるようになったから、国語も伸びた」などとトンチンカンなことをもっともらしく言います。

とんでもない見当ちがいです。逆に「算数の文章問題を解くには国語の読解力が必要です」というカンちがいのオマケまでつけてくれる人もいます。

これでは、偶然教育という「むり・むだ・時間の浪費」の三拍子そろった教育しかできません。

ところが、こう言うと、「学習は模倣からはじまるのだから」と言いだす人がいるのですが、それは動作などの体を制御する場合の基本であって、思考や感情の養成の基本ではありません。

ただ、この中間にある「学力養成にも表現力養成にもなる優れた方法」もあることはあります。百人一首や古典の暗記・暗唱ではなく、「落語」などを披露するための練習です。なぜなら披露することまで視野に入れた指導・練習の場合、自然に明確な視覚イメージを意識して練習することになるからです。これは非常に優れた表現力養成方法の一つです。

●「良質の算数文章問題」の使い方

それでは、これから幼児・児童期の学習の中心となる思考力養成ドリルとしての「良質の算数文章問題」の使い方を紹介します。

「良質の算数文章問題」には、年長向け～小六向け各一〇〇題、合計七〇〇題があります。基本的には学年分けは不要なのですが、便宜的に分けてあります。「頭の健康診断」も、この問題を使っています。

この問題は、たんなる計算式を導く応用問題としての文章問題ではありません。また正解を出すための問題でもありません。

この問題は、「理解力・思考力・判断力」の養成に共通している「視考力養成」がむりなくでき、子どもたちに無用の負担をかけずに「本当の学力＝考える力＝生きる力」を育てることができるようになっているのです。

どんな子どもでも、視覚イメージの再現・操作の練習をするだけで、考えることができ

るようになります。

どうしてでしょう?

私たちは伝達手段としておもに言葉を使います。それで、言葉そのもので何かを伝えている(あるいは考えている)とカンちがいしがちですが、じつはちがいます。

言葉はイメージを導くキッカケでしかありません。その証拠に言葉をいっさい使わなくても考えることはできますが、視覚イメージを使わないで何かを考えることは不可能です。

どうしてだと思いますか?

私たちは言葉で考えているわけではないからです(「言葉のトリガー理論」)。

また、子どもが文章問題を前に思考が停止している状態を「じっくり考えている」と思いちがいしている人もいますが、考える方法を教わっていない子どもは、どう考えていいのかを考えている「思考停止状態」で、時間を無為に費やしている場合がほとんどです。

こんなときには絵を描かせてみれば一目瞭然です。

絵を描けない子は、何も考えていないのです。大げさな言い方だと思われるかもしれませんが、考えるということが絵図を操作することだと教わっていない子どもは、考える前の段階である絵図を描くことさえもせずに、「考えたけどわからなかった」と言います。

ですが、これは子どもの責任ではなく、「考える方法」を教えていない大人の責任です。

「考える方法」を教えずに、ただ「よく読んで、よく考えなさい」と言うだけでは、どう考えていいのかわかるはずがありません。

当然です。考えるとはどういうことなのかを具体的に教えていないからです。

次ページの二つの絵図を見てください。同じ問題ですが、まったく絵がちがいます。読解力・理解力がちがうからです。だから、絵がちがっているのです。

このことを逆に考えると、「絵を見れば読解力・理解力がわかる」ということです。つまり、「問題の意味がわかる」とは、「文章を絵図であらわせる」ということで、「問題を解く」とは、「自分の描いた絵図の中で答えを発見する」ということです。そして「考える」とは、「自分の描いた絵図を操作する」ということです。

このことを頭において子どもたちの描いた絵図を見てみると、いろいろなことが見えてきます。

【小4向け07】■ミミズのニョロのクラスでは風邪《かぜ》が流行《はや》っています。今日は昨日の3倍の生徒が休んでいます。もしも、明日、今日の4倍の生徒が休んでしまったら、ニョロだけになってしまいます。ニョロのクラスの人数を37人とすると昨日の欠席者は何人だったのでしょう。▼答え：3人

<4MX07>4月27日(水)
ミミズのニョロのクラスでは風邪(かぜ)が流行(はや)っています。今日は昨日の3倍の生徒が休んでいます。もしも、明日、今日の4倍の生徒が休んでしまったら、ニョロだけになってしまいます。ニョロのクラスの人数を37人とすると昨日の欠席者は何人だったのでしょう。

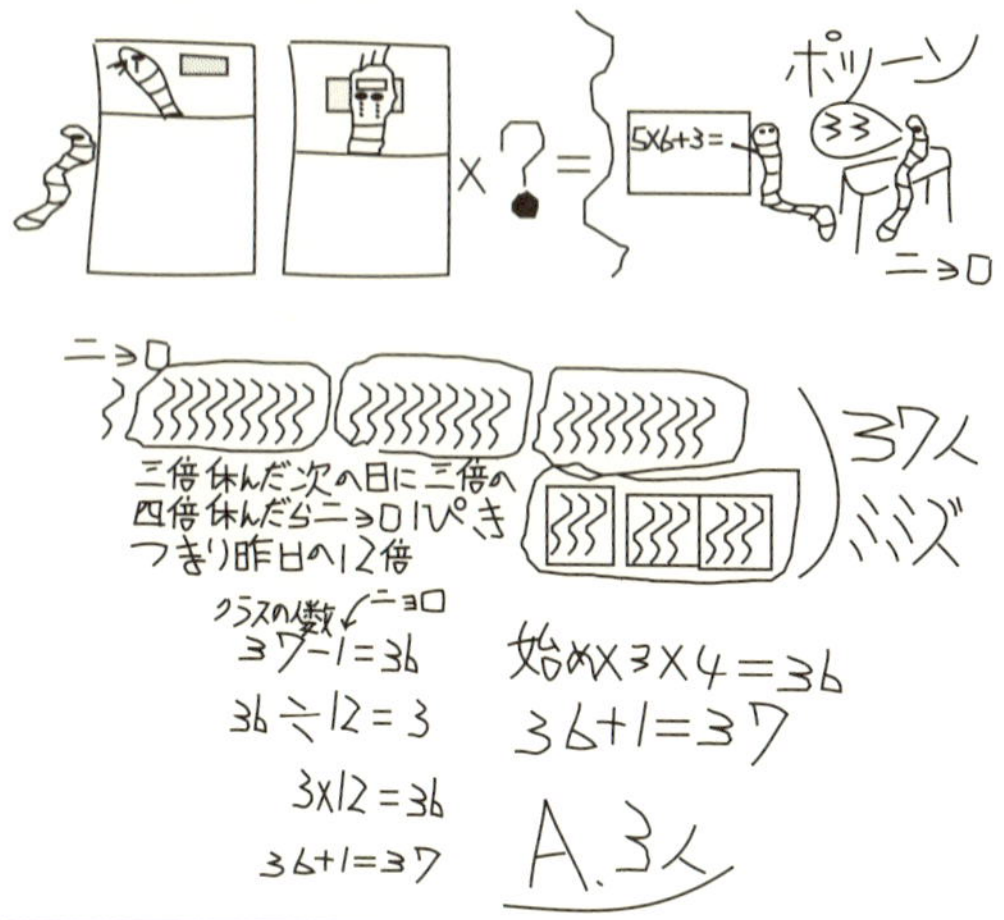

<4MX07>2月3日( )
ミミズのニョロのクラスでは風邪(かぜ)が流行(はや)っています。今日は昨日の3倍の生徒が休んでいます。もしも、明日、今日の4倍の生徒が休んでしまったら、ニョロだけになってしまいます。ニョロのクラスの人数を37人とすると昨日の欠席者は何人だったのでしょう。

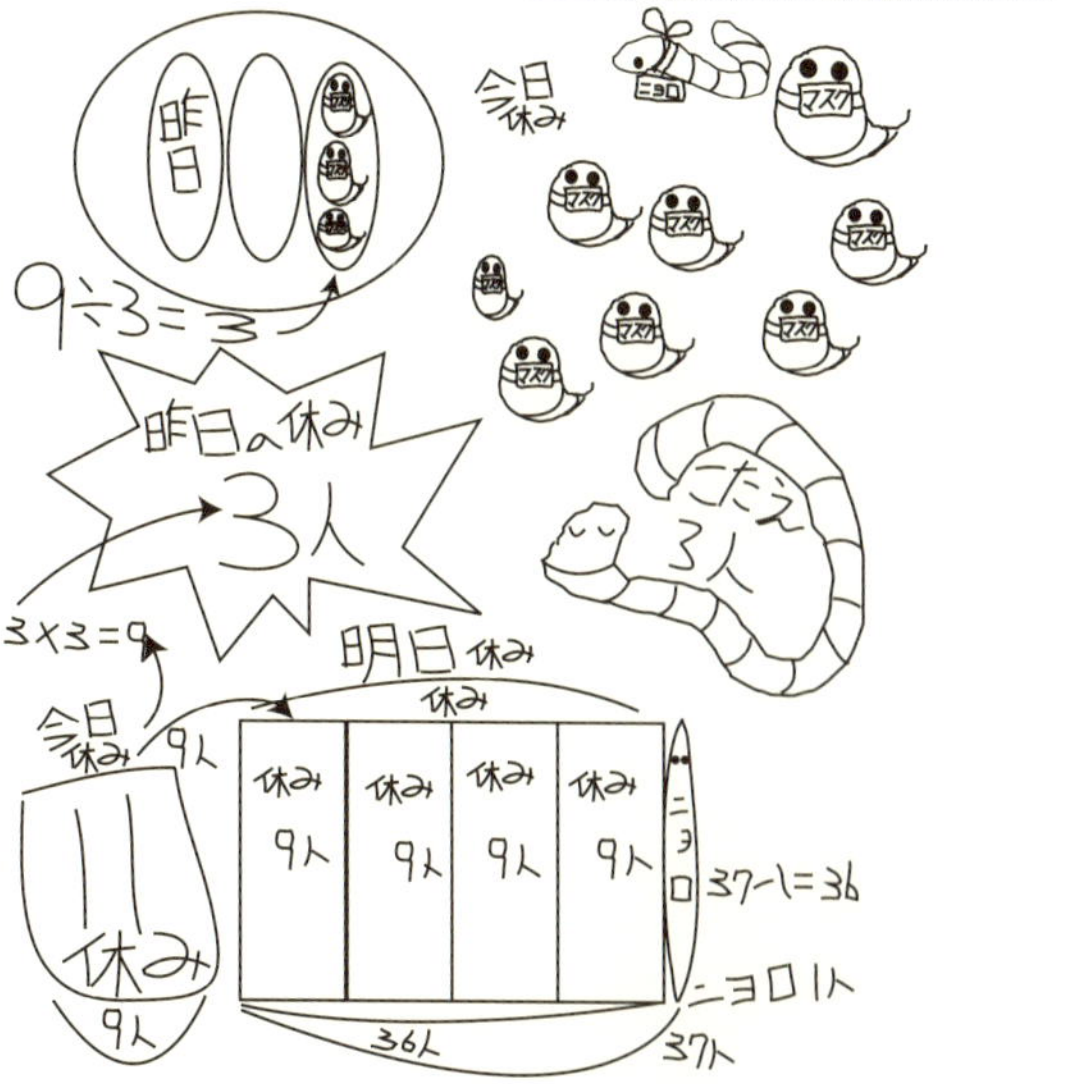

どうでしょうか？　子どもの頭の中が見えてきましたか？
では、文章問題を解くときに絵図を描くさいの注意点をおおまかに説明します。

1　全体的な状況把握をするための絵を描けるようにする。
2　数字に置き換えられるものを加えた絵を描けるようにする。
3　求められていることを見えるように操作した絵を描けるようにする。

ここまでが、大事な思考力養成の過程です。式を書けるようにするのはこの後です（小三までは不要）。

このように、**「文章問題を解く」とは、具体的には「文章を絵図にした後で、求められている形に絵図を変形させる」ということです。**

言葉（文章や音声）はイメージの説明をしているにすぎません。つまり、言葉で考えているのではないということです。また、飲みこみが速いとか吸収力があるとか理解力が高いなどという言い方もありますが、これらはすべて、「言葉を的確に視覚イメージ化できるかどうか」ということです。

視覚イメージ化すれば「見え」ます。「見える」とは「わかる」ことです。

ですから、「言葉の視覚イメージ化」＝「理解力」となるのです。

しかしながら、視覚イメージ操作が大切だからといって、言葉からはなれてブロック遊びやパズルに走ってはいけません。多様な基礎回路ができていれば、いつでもその回路を使って多様で高速の思考に移れるからです。パズルは基礎回路を育てた後の高速化や回路の組み合わせには役立ちますが、それ以上ではありませんので、するとしてもホドホドに。

これらのことからも、幼児・児童期に視覚イメージだけを鍛えることは、見栄えは良いのですが、重要なことではないとわかります。

大切なことは、つねに言葉と視覚イメージを行き来しながら、視考力を養成することです。また、言葉が未熟なうちが、視覚イメージの「操作」を練習するには絶好の時期なのです。

「良質の算数文章問題」は**【言葉→視覚イメージ→視覚イメージ変形→視覚イメージ変形の流れを数式化（算数語への変換）】**という流れを毎回練習できます。ですから「考える力の養成には、良質の算数文章問題が最適」なのです。

算数の文章問題を、たんなる計算の応用などと思っているようでは、学力は育てられません。また、算数の文章問題は、視覚イメージ再現（文章を絵図にすること）ができれば簡単に解ける（答えが見える）問題から、視覚イメージ操作ができないと解けない問題に発展させることで、思考力を育てることができます。

さて、これで**「理解力＝文章を絵にする力」**となりました。すると**「理解力養成＝文章を絵にする練習」**となります。こう考えると思考力養成は一気に楽しくなります。

子どもたちはお絵描きが大好きです。つまり、理解欲があるということです。さらに、描いた絵を変形させるのも大好きです。つまり、考えることも大好きだということです。実際に文章を絵にする練習は、理解力を容易に高めます。

さて、では「算数文章問題を解く」とはどういうことなのか、整理してみましょう。

「算数文章問題を解く」とは、文章からイメージした絵図を使って、問題が求めている答えを絵図の中で探しあてることです。もちろん、絵図の操作（移動・変形・連想・比較）もします。そして、答えを探しあてた後で、自分の知っている計算方法を使って答えにつなげます。

これが「算数文章問題を解く」ということです。

「文章を式に書き換えることが解くことだ」と思っている人や「言葉を知っていれば読んでわかる」と単純に思っている人は、すぐに行きづまってしまいます。

たしかに簡単な問題は絵図を描かないで解くこともできますが、ちょっとむずかしくなるとお手上げです。ですから、文章問題を読んで直接立式する子を見て「頭がいい」などと思ってはいけないのです。基本を知らないということです。

いっぽう、**どんなに簡単な問題でも絵図を描いて解いていると、どんな問題でも工夫して解いてしまいます。**

じつは【小1向け28】【小4向け93】は内容的には連立方程式です。小学生が連立方程式を自力で、意味を理解して解くと「スゴイ」などと言われますが、どんぐり倶楽部ではふつうです。さらに、もう一問は中学入試問題ですが、解いたのは「どんぐり歴」二年三カ月の小二の子（二〇〇七年七月現在）です。何の準備もなくふつうに解いていますね。

【小1向け28】■テントウムシしょうがっこうの　1ねんせい　27にんが　赤ぐみ・青ぐみ・緑ぐみの　3れつに　ならんで　います。赤ぐみは　青ぐみより5人　おおくて、緑ぐみは青ぐみより2人　すくないそうです。では　赤ぐみ・青ぐみ・緑ぐみの　3れつは、それぞれ　何人ずつが　ならんでいるのでしょうか。▼答え：赤13人：青8人：緑6人

【小4向け93】■ここは何でも屋さんです。ここでは、お星様と黄金タコ焼きがよく売れます。お星様2個と黄金タコ焼き1個では40億円、お星様3個と黄金タコ焼き2個では70億円です。では、黄金タコ焼き1個は何円でしょうか。▼答え：20億円

【中学入試問題：2007年・三田学園・兵庫県三田市】■りんご5個の値段は、桃2

【小4向け93】

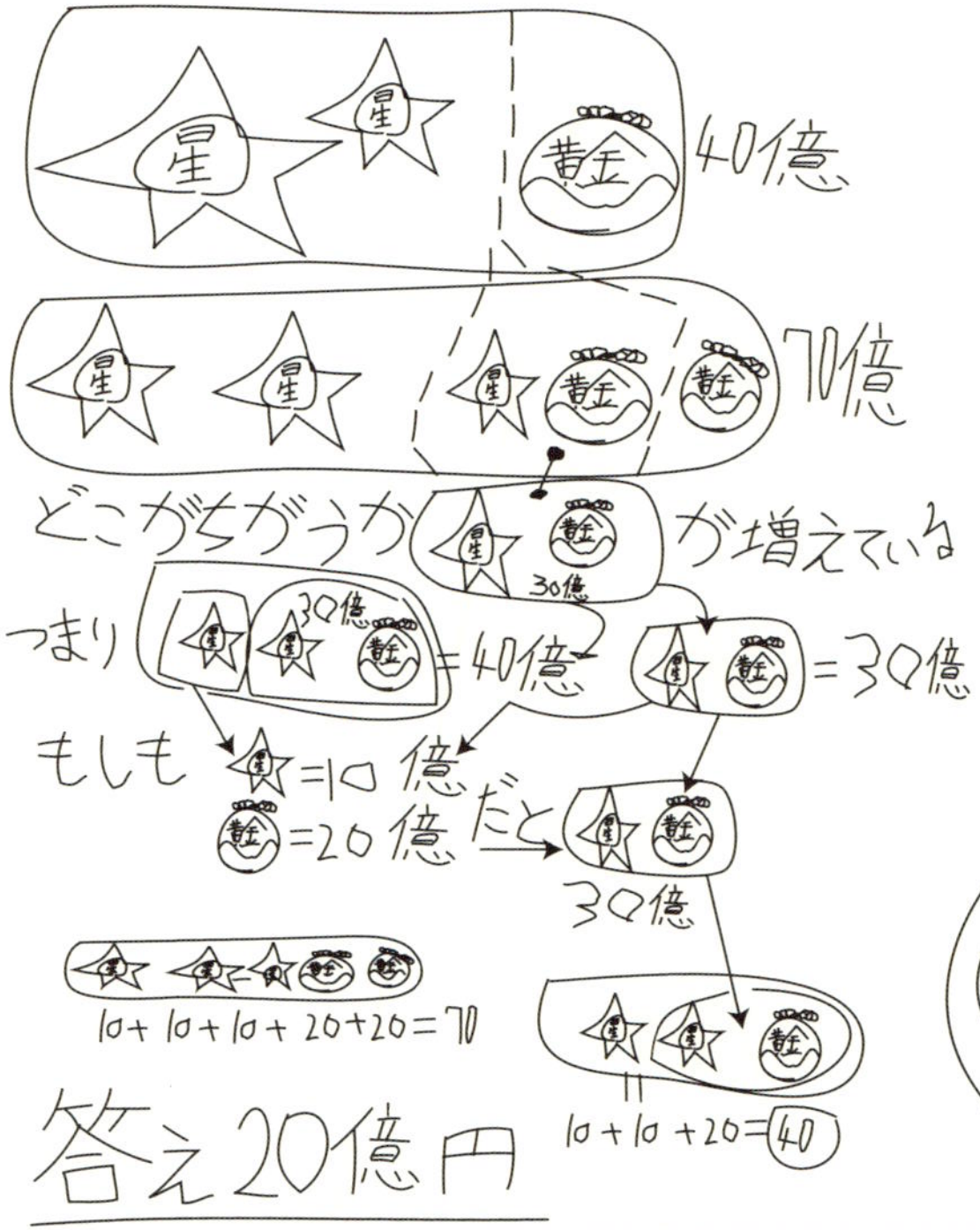

【小1向け28】

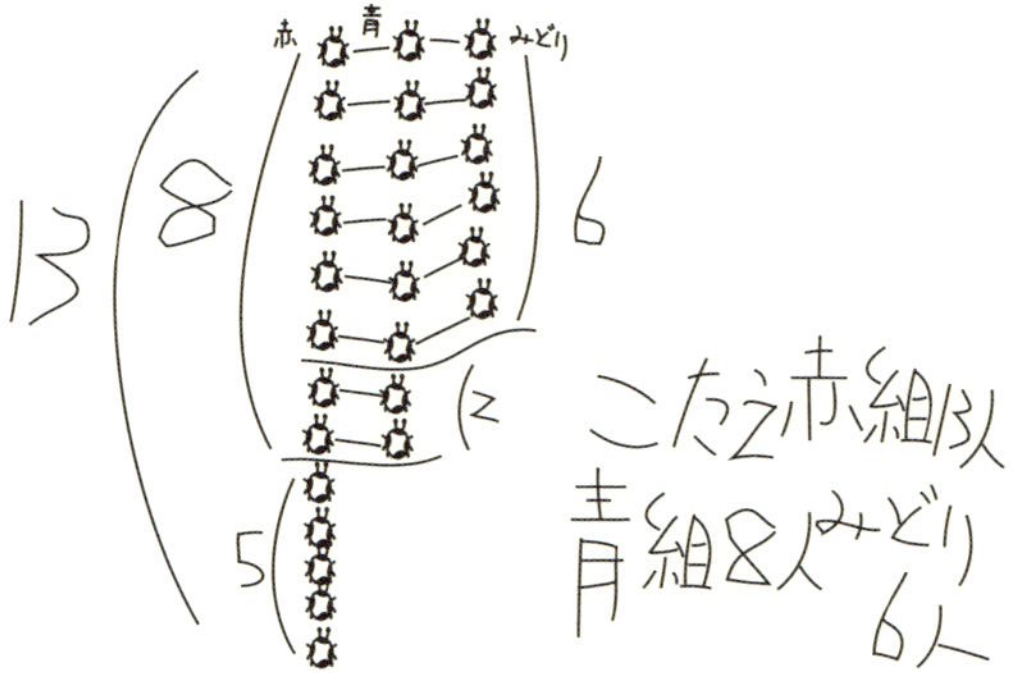

小2が解いた中学入試問題

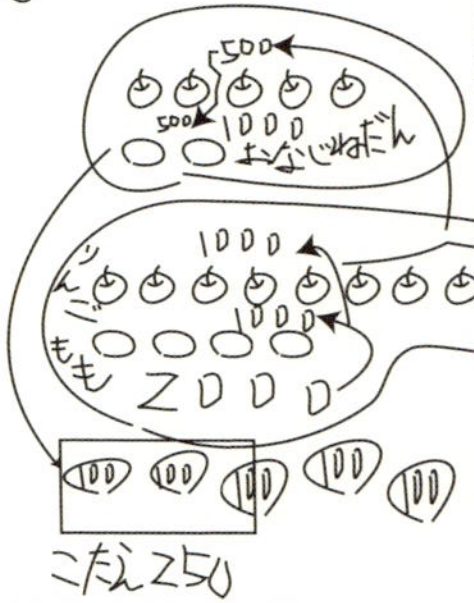

■子どもが考えた順番

[1]<りんご10個と桃4個>を2000と書く

[2]<りんご5個>と<桃2個>は同じ値段だから、両方を倍にした<りんご10個>と<桃4個>も同じ値段。→2000を半分にして1000・1000と書く

目で考えているから、超高速でスイスイ工夫が出来るんですね…スバラシイ！

[3]<りんご10個:1000>だから<りんご5個>だと1000の半分で500

[4]<りんご5個：500>と<桃2個>は同じ値段だから,<桃2個>は500

[5]<桃2個>が500だから、桃1個はその半分の250

※5分ほどであっさり解けました。

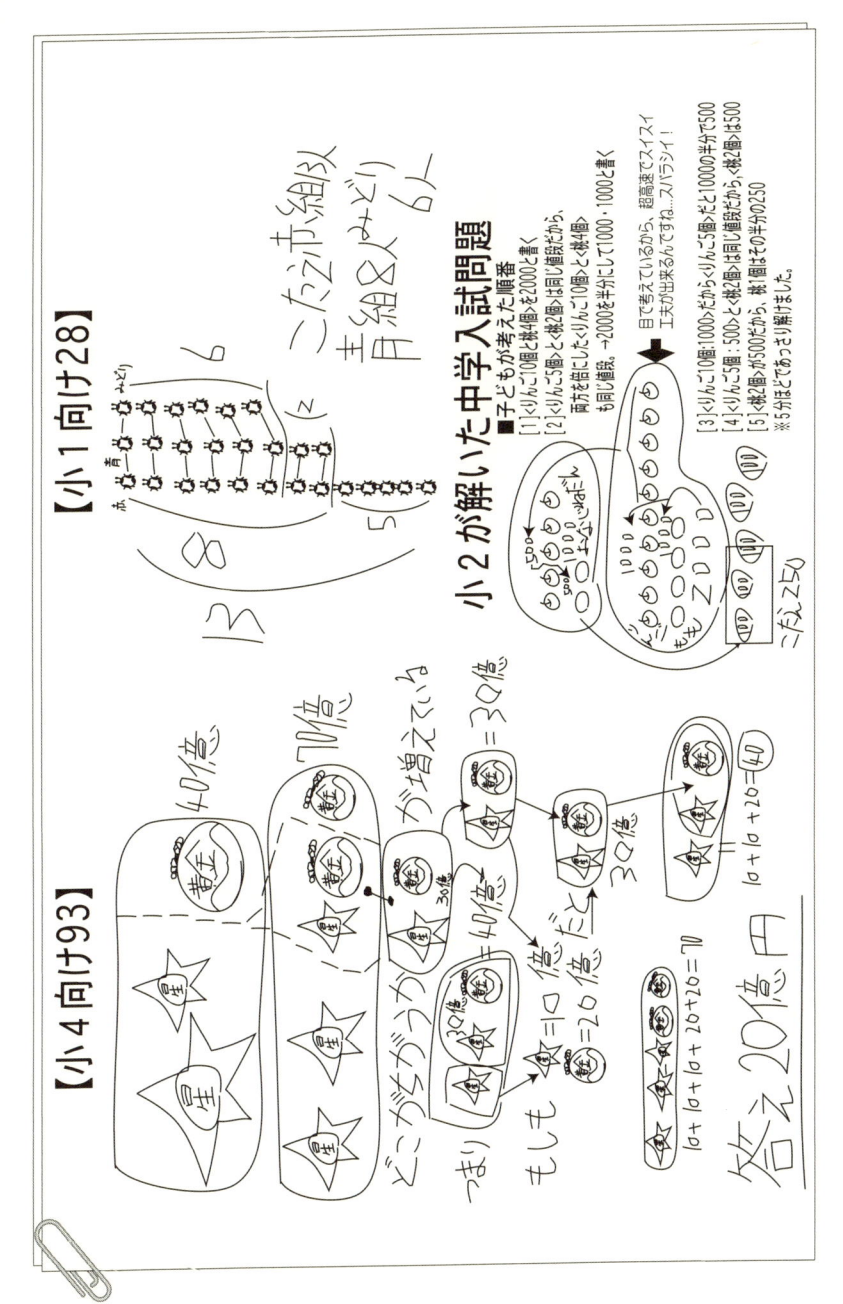

個の値段と同じです。りんご10個と桃4個を買うと2000円のとき、桃1個の値段を求めなさい。▼答え：250円

問題文を読んでその中の数字に印をつけるのは悪いことではありませんが、それで思考力養成ができると思ったり、問題が解けると思ってしまってはお粗末です。また、そこから（絵図を描かずに）立式してはいけません。

数字（や指定語句）に印をつけるのは、絵図を描くための準備です。式は絵図を見ながら考えるのです。ここをカンちがいしてはいけません。

作図を省いた学習では、どんなに数多くの問題を解いても応用力は育ちません。

ですから、たしかな絵図（上手である必要はない）を描けなければ、どんなに簡単な問題であっても、式や答えが合っていても、正解としてはいけないのです。絵図を描かない解答は、応用のきかない解答練習をしていることになるからです。

解ける解けないが重要なのではありません。文章（指定された記号）を視覚イメージ化できるかどうかが重要だからです。

文章を読み、試行錯誤しながら視覚イメージ化しようとする、そのプロセスが思考回路の作成になるのですから、正解できなくても、答えにたどりつけなくてもよいのです。

答えがまちがっていたら、「まちがっていてもいいんだよ。どうしてちがっていたのか考えてみようか」、答えがなかなかでなかったら、「むずかしかったら、またこのつぎにやるからいいよ」と言えばいいのです。そのために、後述する「わからん帳」があるんです。

この点は、よくご理解いただかなければならないポイントです。

世界的にも優秀なソフトウェア技術者を数多く世に送りだしているインドでは、伝統的に考える過程を重視しています。数学のテストの答えが正解でも、答えだけでは点数はもらえません。答えを導いた思考の過程を数式といっしょに言葉で理論だてて記述しなければいけないのです。

インドでは20×20までの九九を暗唱させるから数学に強いのだと言う方がよくいますが、まったく関係ありません。この九九はたんなる習慣で、効果的な学力養成方法はいずこも同じ、過程が大切ということです。

「良質の算数文章問題」は「計算させるための問題ではない」「答えは重要ではない」と説明しましたが、おわかりいただけたでしょうか?

ご理解いただくために、作成時に心がけたことを書いておきます。

答えは関係ないこと、楽しまなければいけないこと、がわかっていただければ、効果は予想以上のものとなるはずです。

1　ある程度まわりくどくすること↓考えつづける習慣・考える忍耐力を育てるようにする。

2　難解ではなくある程度複雑にすること↓考えれば必ずだれでもわかるようにする。
※数学的に高度な見方は不要。

3　絵図にするとシンプルであること↓視覚イメージ操作の練習がしやすいようにする。

4　ある程度あいまいであること↓カタい頭をつくらないようにする。
※六法全書的なカチンカチンの文にはしない。答えが確定できなくてもいい。

5　横道にそれやすくすること↓答えが出なくても思考力養成になるようにする。

●良質の算数文章問題にとりくむさいの注意

①問題を読むのは一回だけ——「何度も読みなさい」は目先の指導です。一度で読みとれるようにすることが練習なのに「何度も」では「何度読んでもいいんだから」になります。「一度しか読めないから」という覚悟を育てることが重要なんです。

そうすれば、国語の読解力や会話の理解力の養成にもなります。とくに言葉（授業などの説明は全部言葉です）は一回しか聞けないうえ、瞬時に消えてしまいます。「何度も読みなさい」はじつは禁句なのです。キチンとまちがって、次回、もう一度読むのです。一行ずつ絵図にしていけば、けっしてむずかしいことではありません。

②**消しゴムは絶対に使わない**――考えた（考え直した）軌跡が子どもを理解する好材料になるからです。この記録が宝物なのです。

③**わかっても絵図を描く**――描きながら考えないで、描くことを楽しむ。

④**描いたら文章は見ないで絵図だけで考える**――絵図を使って頭で考えるのではなく、絵図そのもので（目で）考える：わかるようにするのです。

子どもには、「絵をよーく見てごらん」と言うほうがいいようです。

⑤**答えが見えるように絵図を描き直す**

⑥**答えが出たら（見えたら）計算して確認する**――必ず筆算で計算する。暗算は「10の補数と九九」だけに制限する（デンタくんを使うなら横筆算でもＯＫ）。

⑦**要求されている設問内容に合わせてていねいな式をつくる**――計算式は数学の言葉なので過不足なく書きだす。筆算はメモなのでここでは不要。

⑧**答えは計算式とは別に、単位に注意して書きだす**――答案用紙には「絵図・筆算・計算式・答え」がなければいけません（計算式は小三～四まではなくてもＯＫです）。

ここで、「絵図そのもので（目で）考える」とはどういうことか、具体的におわかりいただけるよう、どんぐり倶楽部のＨＰから利用者の声を紹介しておきます。

【小3向け91】（二四五ページ参照）の問題を先日解きました。はじめは早く終わらせたい一心で短めの文章を選んだ娘でしたが、絵図にした後、しばらく考えこんでいるようす。じーっと見つめているんです、描いた絵を。

「あ！　わかった！　２５０円だ！」

絵図をもとにして移動させたりするって、こういうことなのかと実感した日でした。

本を読んでいると、家庭教師でも教え方のうまい先生ほど、生徒に教えないと記されてあり、それがなぜなのかがわからなかったのですが、こういうことなのかと最近ひしひしと子どもをみていて感じます。パターン学習がなぜ良くないのか、子どもにつけさせるべき力とはいったい何なのか。そのために親が徹底しなければならないことは何なのか。問題集もどこの会社なのではなく、どのように考えるのかが大切なのはなぜか。式をなぜ立ててはいけないのか。問題が解ける解けないにこだわってはなぜいけないのか。やっとやっとわかりました！　石の上にも三年とはこういうことなのですね。

＊　＊　＊

現在小学五年生（十一歳になったばかり、女の子です）、一年二カ月前の小三の終わり頃からどんぐり問題をはじめる。九歳も終わりに近づいていた頃ですね。

小学校入学時から○○メソッドを家庭学習に取り入れていました。その後、私は○○式の教室で採点の仕事をするようになりましたが、生徒の様子を見て、疑問をもつようになりました。ちょうどその頃『絶対学力』を読み納得、すぐさま文章題を取り入れ、○○式の教室での仕事もつい最近辞めました。

文章題は年長からはじめました。最初は問題文を読むのさえおっくうな様子で、よく読みもしないのに「わかんない、むずかしい」と言う「重症レベル」でした。（中略）

最近、変化が見られるようになってきました。まず問題を少し楽しめるようになった。むずかしいなと思っても、やってみようという気持ちが出てきたようです。たとえば、【小3向け99】（二四五ページ参照）では、まず最初「はあ〜、なんだかよくわかんないや」とちょっと楽しそうに言って、絵を描きはじめ、「えー、どういうことだ？　ちょっとむずかしいな」

「3分の1食べて3キロ450だからー、1キロ250食べたんだ」ここでちょっとの間、考える時間。5分くらいだったと思います。ノート中ほどの絵を見て、「あー、わかったわかった、これの3つ分がクッキーケーキで、缶をいれて4キロ700なんだ！

できた！」

いままでの様子から見て、「わかんない」と言ったらあまり気力がでないようだったので、今日は無理かな？　と思いましたが、ずっと考えていたので驚きました。考えている間はぶつぶつ何かつぶやいてました。

また、【小4向け59】■（二四五ページ参照）では、「あーカメちゃんだー、カメちゃんのかわいい描き方、どうだっけな？」カメサブレなどでもおなじみのカメちゃん、自分なりにかわいいと思えるカメを描けるようになり、満足している様子。

「4630ミリは463センチ、4メートル63センチ」図に数字を書き入れていき、計算して「できた！」答え合わせをしたら（最近は自分で答えを見る）、「あれーちがう」（いつもならここでテンションダウン）「はあ〜、どこでまちがったんだ？」と言いながら見直し、まちがい発見。「2メートル6センチ、2メートル60センチたしてたー」そして別の紙に書き直し、52メートル99センチが出ました。

答えがちがっていたときの反応がいつもとちがっていました。「どこがちがってるんだ？」という様子も楽しげでした。最近は鼻歌まじりのときも。それでも調子のよしあしはもちろんありますので、あまり乗っていないときは、「明日また考えたら？」で終わりにするときもあります。年長問題からはじめ、いま四年生まで来ました。夏頃には…五年生に入れるね、と楽しみにしています。

繰り返しますが、「何回も読めばわかる」というのはカンちがいです。読んでいるうちにイメージ再現ができる場合もある、というだけです。

ですから「描けばわかる」が正しいアドバイスなのです。「見える＝わかる」なのです。

◇考えることは簡単にできる

いままで教育界では「視考力」を念頭において学習を進めることはありませんでした。ですが、**考えるとき、人は必ず視覚イメージを使っています。考える力の源は、イメージする力なのです。つまり、視考力の養成が、考える力の養成になるのです。**

また視覚イメージは瞬時に反応することができる、人間がもっている最速の処理能力ですので、多くの点で役立ちます。

視考力は、中学を出て働く子どもにも、大学まで進む子にも等しく必要な力なのです。

はじめる前から「良質の算数文章問題」を見て、「こんなのを一週間に一問するだけでいいの？」と言う人もいます。

「こんなの」がキチンと楽しく解ければいいのですが、どうでしょうか？

「〇〇式で三学年先まで終わっています。〇〇レベル問題集をしています」、でも「解けませんでした」では、学力養成のできない教材を使いつづけているということですから、学習方法の早急な見直しが必要です。

「良質の算数文章問題」に難問はありません。受験用でも算数オリンピック用でもないからです。ですが、どちらにも効果抜群です。どうしてだかわかりますか?

何にでも通じる本当の学力「絶対学力」を育てているからです。

また「文章題ばかりしていては時間ばかりかかって……」と言う人もいます。

一週間に一、二題で十分なのに、「ばかり」と思われては困ります。また文章問題の中には必ず計算する部分があるのを忘れているのかもしれません。

よく「小三・四から塾に行かせる予定なので、塾で困らないように計算力をつけておきたい」と言う人もいますが、まったく逆です。理解力・思考力を育てておかないと、塾に行っても「お客さん」になるだけです。「10の補数と九九」しか使わない計算を基礎学力と思っていては本末転倒です。

さらに、せっかく文章問題を解いているのに、絵図で考えることをしないで文章からすぐに式を立てさせようとする人がいますが、これも大きなカンちがい学習です。

視覚イメージを意識せずに解く文章問題は、考える力を育てる材料にはなりません。

無意識に立式することだけにエネルギーを使ってしまう症状を「立式病」と言いますが、答えを出すために問題を解いている（考えている）と思っていると、立式病になってしまいます。ましてや、計算が合っているかどうかはほとんど問題外です。計算は、思考力養成がすんでいれば、短期間の練習で完璧になるからです。

逆は絶対にありません。

最初から、考えるとはどういうことかをキチンと教えれば、子どもたちは一〇〇パーセント、考えることができるようになります。暗算や直接立式に代表される不要なエネルギー消費は、「百害あって一利なし」なのです。

もうこれ以上、偶然に頼って教育をすべきではないと思います。

次ページの問題は中学入試問題ですが、どんぐりっ子たちは「〇〇算」など知らなくても、ふつうに解いてしまいます。小五の子の解答例です。

◇絵図を描くとオリジナリティーも育つ

「良質の算数文章問題」を解いている子どものくわしい絵図（楽しいお絵描き絵図）を「幼い」とか「むだが多い」とか「要領が悪い」とか「ズレてる」とか「時間がかかって困る」と言う人がいます。

【慶應義塾中等部入試問題】2005年・算数【2】(4)
　ある日、Ａ君、Ｂ君、Ｃ君の三人がスーパーで、次のようにくだものを買いました。
Ａ君はみかん３個、かき２個、りんご４個で代金は８００円、
Ｂ君は、みかん２個、かき２個、りんご３個で代金は６４０円、
Ｃ君はみかん４個、かき４個、りんご７個で代金は１４００円でした。
この日のくだもの一個あたりの値段は、みかんが□円、かきが□円、りんごが□円です。

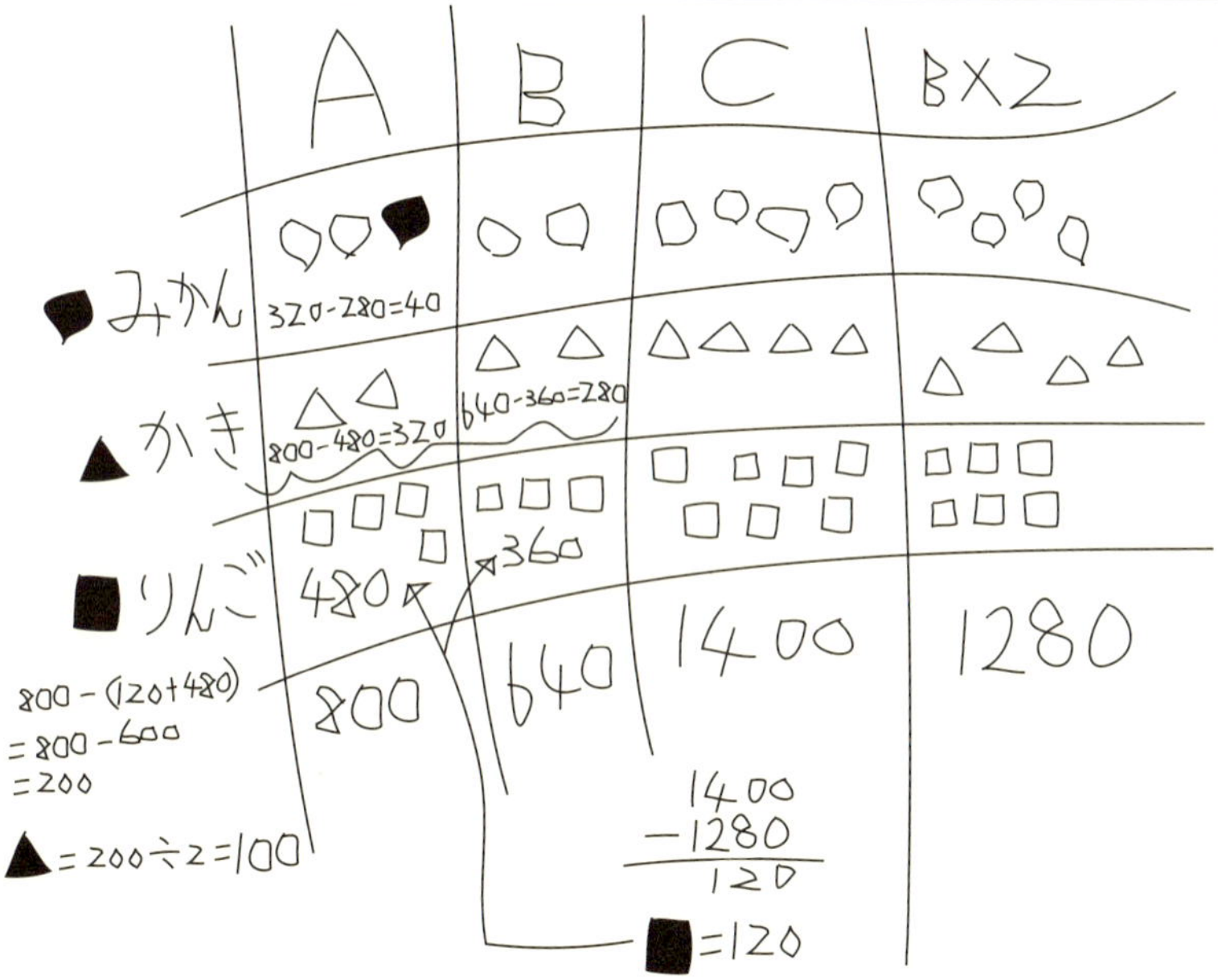

□答え：みかん40円、かき100円、りんご120円

※どこに答えが書いてあるのか見えにくいですが、ちゃんと考えてキチンと計算して答えを導きだしています。
※絵図はかんたんに書いてありますが、キチンと絵図の中にすべての答えが書きこまれています。ハミングしながら楽しそうに解いていました。

才能破壊の名人です。答えが出れば終わりと思っていると、こういうセリフが出ます。お絵描きを楽しめるように（思考モデルの形成が容易にできるように）仕組んであることの意味をまったくわかっていないのです。

これでは、すぐれた薬なのに用法を無視して飲んでいるようなものです。目の前で子どもが小説を創作しているのに、むだだと言っているようなものです。子どもが描いた絵図をすべて言葉で書きあらわしてみるとわかりますが、そこにはその子のオリジナルの物語が見事に展開されているのです。

オリジナリティー、想像力、創作力を目の前で進化させているのに、何もわからずに「むだ」だと思う大人がいるということです。じつにもったいない限りです。

また「ウチの場合は絵を描こうと思えば描けますが、最初から○などの記号でした。絵である必要性が私にはわかりません」と言われる方がいらっしゃいます。

これも「良質の算数文章問題」をたんなる応用問題として「解ければいい」と思っている方です。じつにもったいないことです。

○などの記号は具象物を高度に抽象化したものですが、言葉のほうから見ると半端な具象化でしかありません。描き切れていないということです。幼児・児童期には具象と抽象の行き来が大事なのに、半端なところで止まってしまっているということです。

十二歳を過ぎればけっこうですが、十二歳以前では「もったいない限り」なんです。次に紹介するのは、スイス在住の利用者の声です（問題は二四二ページ）。

【年長向け56】の飛び魚の問題。飛び魚はテレビでちょっと観たことがありますが、よく知らないで想像で描きはじめました。「大好きなビックリ箱をもらった飛び魚たちは、うれしくてニコニコで飛んでいるの♪」と。

【年長向け52】の子熊とハチミツの問題では、「棚に置いてあった熊のハチミツが3個なくなっちゃったの。持っていったのはハチたちなの。でもハチミツはホントはハチが集めたものだから、3個持っていかれても熊は怒らないでニコニコ笑ってるの」とのこと。

こんなイメージが頭の中で浮かんでいるんですね。絵を描いて、ちゃんと答えを導きだしています。視考力&思考力、想像力&創造力が子どもにはとても大切だと思います。いかに豊かなイメージを頭に描けるか、が今後の学習や社会に出ても大切だと思います。

絵図を描かないで解く子どもはたくさんいます。「わかるから」「解けるから」「できるから」という理由です。

絵図を描く理由をまったく知らないのですからしかたありませんが、指導者や保護者が言う言葉ではありません。

わかってても解けても絵を描くんです。十二歳以降の伸びがちがうんです。ですから、問題は少量にしてあるんです。

これが多量では、だれだってできませんし、する気にもなりません。それでは意味がありません。

「ゆっくり・ジックリ・ていねいに」良質の問題を少量するのがポイントなのです。

少なければ、寄り道・まわり道を楽しむことができます。

これがもっとも学力を伸ばす秘訣なんです。

才能を守るための問題ですから、寄り道・まわり道をしやすいようにしてあるんです。

「良質の算数文章問題」をただの算数の練習問題だと思わないでください。応用問題なら書店に山ほどあります。計算式を導くだけの問題なら、わざわざオリジナルで七〇〇題もつくったりしません。ましてや年長さん向けからある文章問題で、数学的な考えに特化するような危険なことはしません。

なるべく具体的な絵図を描いて、その自分の描いた絵図で楽しく考えることを、十二歳までできるだけ続けてほしいからつくったのです。

知性も感性も豊かに育つようにつくってあるのです。

たしかに私の教室でも、一時間で一五問ほどを楽しく解いてしまう子や、四〇日で全七〇〇題を消化してしまう子もいました。

難問ではありませんので、不思議ではありません。

ですが、**本当の意味でもっとも効果的なのは、在籍学年の問題を楽しく解きながら、残りの時間はできるだけ好きなことを主体的にすることなのです。**

人生を楽しむことができるように育てるには、十分な熟成期間と十二分に満足した幼児・児童期の体験が必要だからです。

子ども本人にとって有意義なことに時間をかけることが必要なんです。

勉強にむだなことはないと言う人がいますが、幼児・児童期の勉強に限ってはちがいます。**むりなくむだなく効果的な学習をして、目いっぱい好きなことができる時間を確保しなければなりません。**

ですから、むだなことはありますし、そんなことはさせてはいけないのです。

楽しい「良質の算数文章問題」という中間形（プラットホーム）を知っていると、修飾の少ない数学にも、修飾の多い文学にも、どちらにも簡単に移行できることは経験すればだれもが納得します。

視覚イメージは思考のプラットホームだからです。

★そらまめ先生のブログより

「国語力がないから文章題がわからない」←これがカンちがいであることは糸山先生が繰り返し述べておられます。

「でも実際、子どもが文章題のなかの言葉を理解していないから絵が描けない。だからまずもっと簡単な言葉で出された問題で練習しなくてはだめじゃないのか」とは、私は思いません。小豆（長男）やうちの塾生が特別国語力が高いわけではないと思います。

私はただこう考えているのです。

「どんぐりをやっていくことで国語力（読解力）が育っていく。それが一番むだがないし楽しい」と。

なぜなら12歳までの学習はすべて「耕す」ためのものだと知ったからです。「いま」その言葉を知らないことは何も悪いことでなく、また恥ずべきことでもありません。知らないから、わからないからこそ「面白い」のがどんぐりっ子ですもの！　知らなくても大丈夫、その言葉を脳内で再生しながらお絵描きをしていけば、小脳が働きだすんです（と思います）。そして次にその言葉に出会ったとき、「あ!?」とひらめきます。一度や二度ではひらめかないかもしれませんが、徐々に効率はよくなります。他のものではダメです（効率が悪い）。どんぐりの文章題だから良いのです。

なぜ？

どんぐりでは右脳と左脳が同時に育ちます（『思考の臨界期』必読ですよ）。それはどういうことでしょうか？　どんぐり文章題に取り組むときのことを考えてください。

まず文章を読みます（左脳）。次に文章から浮かんだイメージを絵にしていきます（右脳＆左脳）。絵図を見ながら考えたり計算したりします（右脳＆左脳＆小脳）わからなくても小脳は勝手に考えつづけちゃいます。す・ご・い・で・す・ね～。

「でも、文章の意味がわからないから、正確な絵図が描けないんです！」だから「わからん帳」があるんだと思います。絵図を描く訓練なんです。そのときに完成しているほうが変なんです、きっと。正確であるより楽しい方がよいと思います。だって子どもが楽しんで描いているときには、本当にたくさんの情報が絵の中に盛りこまれますから、本当に大丈夫なんです。「文章を意識して」「自分の手で」描いたことが大事なんです。

ここでどんぐりのすごさ再確認です。

どんぐりで絵を描くときとふつうのお絵描きのちがいがここにあって、それだから子どもの「学力」が育つんです。どんぐり文章題をやるとき、絶対に「文章を読む（読んでもらう）」ことをします。そこがスタート地点で、「イメージ再現」がはじまり、「頭に浮かんだイメージを絵にする」ことがはじまります。たとえこのとき「赤い亀」と

「青い亀」がいることだけが正しくて、他の設定が無視されるように見えていても大丈夫です。楽しくおわることができたとき、子どもは絶対その絵を覚えています。そしてそのとき聞いた文章もです。だって、忘れられない設定ですよ、どんぐりの文章題は。

ご心配なら子どもの描いた絵を見ながら、もう一度ゆったりやさし〜く（絵本を読んでいるつもりで）読み聞かせるのがいいと思います。

ここで絵を批判したり、答えを求めちゃダメ、ですよね？

○楽しまないと、絵はうごかない。

○楽しむには、ストレスをブロックしてあげないとね。みえないストレス——制限時間・答え・上手な絵・比較……。たぶん絵だけじゃなく、小脳も動かなくなっちゃいますね、きっと。

小脳のスイッチが入れば大丈夫です。日常生活で「言葉」を拾うようになります。日常に言葉が落ちてなかったら？　またどんぐりで拾いましょう。ちょっと時間が余分にかかるかもしれませんが……。

まちがえていたって、むだはないんです。絵の中にいろんな情報を入れこむ練習をしましたから。言葉を聴いてイメージをふくらませる練習をしたんですから。

それにどんぐりは絶対に「むだにしない」んです。そのための仕組みが随所にあるんです。どんぐりは片面印刷の問題を切り取ってノートにはります。これだって大事な仕掛けのひとつです。問題と同じページに絵図を描きます。足りなかったら紙をたしていきます。だから問題文と絵を一度に目にできます。ルーズリーフでなくノートにするのはなくさないためです。それに自分の解いた順番もわかるし、解けなかったらわからん帳に入れます。これも大事な仕掛けです。すべてが「仕組まれて」いるんですよ。

だから大船に乗ったつもりで「どんぐりをとく練習」なんてせず、その時間を「遊び」に使うのが、「正しいどんぐりの楽しみ方」だと思うのです。

◇どの科目でも視考力が養成できる

算数での考える力の育て方について紹介してきましたが、全科目で視考力を使った思考力養成が可能です。

国語なら「この文章の意味がわかりますか?」と言葉でたずねて言葉で説明を聞きだそうとするのではなく、「この文章の通りに絵を描いてみましょう」でいいのです。「わかる」とは「イメージ再現できること」だからです。

生徒が絵を描けなければ、先生が描けばいいのです。

絵図を材料にすれば、授業は感動と発見の連続になります。また、絵を見ながらの説明はじつに簡単です。表現も豊かになります。

感情の読みとりも「どう思いますか」ではなく、本文の内容を絵にさせた後で、その絵（の人物など）がどう動くかをイメージさせます。すると「泣く」とか「笑う」となります。この動いた絵を言葉で説明させます。これは「見えている」ので簡単です。

ところが、これは行間を読むことであり、心理描写の読みとりでもあるんです。

文章で書いてあることを文章でわかろうとしないで、絵にすることに専念させます。絵にするには正確な読みとりが必要ですが、子どもたちは文章を絵にしているだけのつもりで、ちゃんと読みとってしまうのです。

国語の教科書から絵コンテをつくる宿題などは、最高の思考力養成になります。

このように、「考える」とは「どうすることか」を具体的に説明して、考える練習をさせると、簡単に「本当の学力＝考える力＝視覚イメージ操作力」を育てることができます。

◇読解力の養成法

ここで、読解の指導方法「絵コンテ読解」を紹介します。

絵コンテ読解は毎回する必要はありません。一度で子どもたちは読解の何たるかを体験し、マスターしてしまうからです。行間を読むことも、この絵コンテ読解を使えば簡単にできます。文章の視覚イメージ化そのものが、行間を読む行為だからです。背景や作者を知っていると、その情報が視覚イメージ再現に使われますので同じ文章でも再現視覚イメージが異なります。「行間」は読者次第で変化（成長）するのです。読者の成長にしたがって読める行間（行間の味わい方）が変わる理由です。

この力があれば読解は無敵です。

あとは受験用ならば「設問解釈」を加えればいいんです（二一四ページ参照）。

ココがわかっていないと、読解の指導は、またもや偶然教育になります。

つまり、多量の問題を解くなかで、たまたま子ども自身がおぼろげに読解のコツをつかめると、「できるようになった」とカンちがいする学習方法です。

指導も漠然と「たくさん本を読まなければ読解力はつかない」のだから「読書をたくさんしてください」となります。

残念ながら、百冊読んでも一ページの絵コンテ読解にはかないません。

次ページの子どもの絵を見てください。いかがでしょうか。これが豊かな読解指導「絵コンテ読解」です。スイスイ音読では、こんなことは絶対にできません。

この例の場合は、お話は「おとや」になりますから、上記の絵図は瞬時に訂正されますが、全体がわかってからでないと描けないということでは先に進めませんし、未知なるも

国語三年（上）わかば・・光村図書9ページ

「きつつきの商売」

きつつきが、お店を開きました。
それはもう、きつつきにぴったりのお店です。

タイトルを読んだだけで笑いをこらえきれずに「プッ」と吹き出す子がいます。
子どものつぶやきに耳をすますと「おいおい、きつつきがバナナうるんかい！」
1行目では、こうも言っていました。「でかい店やねぇ。さすが、きつつきやねぇ」
2行目では「ぴったりすぎやろ！」「そりゃ、つつきすぎやんけ」
さて、この子の頭の中をのぞいてみましょう。

「おいおい、きつつきがバナナうるんかい！」

「でかい店やねぇ。さすが、きつつきやねぇ」

「ぴったりすぎやろ！」「そりゃ、つつきすぎやんけ」

※もちろん、読み進むにしたがって、絵は修正・操作（加工）されていきますが、このような明確な視覚イメージの再現（もっともわかりやすい、文章を絵図にするという読解確認方法）をしながら読み進むのが、読解力養成となります。子どもは一度で読解とは何かを体で体得します。ですから、幼児・児童期の早い時期に一度は、ていねいに文章を自分のイメージで絵図化することに時間をかけて取り組む必要があるのです。

※文章を絵図化する場合には、子どものテンポを重視して十分に時間をかけて描かなければなりませんが、実際に国語の文章を絵図化するのは大量の時間がかかります。ですから、国語では、全文を描きあらわす必要はありません（じつは「良質の算数文章問題」で毎回やっています）。ただし、読解とはどういうことかを具体的に教えるさいには非常に効果的な方法ですので、楽しく絵コンテ読解学習を進めていただきたいと思います。

※頭の中で再現された視覚イメージを修正・操作（加工）するのは、だれでも超高速でできますので、練習すべきことは「文章を豊かな（オリジナルの）絵図で表現する（描く）こと」です。

のへの対応もできません。
「自分なりに消化する↓作意を読みとって修正する」ためにも、絵コンテ読解は万能読解法なのです。

だれかが「読解力とは、知っている言葉の数・構文・考えて話す経験の量」と言っていましたが、そんな指導を受けていたら、読解とは何かさえもわからないでしょう。

「絵コンテ読解」が瞬時に行間を読める理由は、**文章を絵図にした時点ですでに行間を読んでいるからです。**

なぜなら絵図はすべてオリジナルであり、文章では表せない部分も自然に描いているからです。子どもたちは無意識に描きますので、「コレが行間を読むことだよ」と言ってあげることが大切です。

また、絵コンテ読解は独創性も育てることができます。映像（視覚イメージ：絵図）はだれもがオリジナルだからです。この映像を明確にせずに、あるいは使わずに、読解（算数なら立式）すると、そこには何のオリジナリティーもない、ただのパターンを変えた反復練習になってしまいます。

個性を守る・育てるとは、つねにオリジナルを意識するということです。

ココには毎回オリジナルがあります。同じ子が同じ問題を解いてもちがう絵になりますから、オリジナリティーが幅を増す結果となります。

言葉が同じでも、再現されている映像は同じではないのです。

ですから、**視覚イメージの再現は、同じ言葉からのものであってもすべてオリジナルになるのです。そして、そのオリジナルの視覚イメージを確かなものにしていれば、語彙量が増加するにつれて言葉での表現も豊かになります。**

逆はあり得ません。

語彙量から入ると、それは言葉のサルまねになってしまいます。理解力・判断力・表現力・創造力・伝達力など、すべての基本は視覚イメージ操作にあるからです。

ここで中学生の読解について付け加えておきます。

いままでの（小学生時代の）読解は、話の中に入る（同化する）ことが中心でしたが、中学では自分を確立するための読解をします。

つねに自分をもって読むことが重要です。自分を確認しながら作者（作品）を受け入れる練習です。

すると、作品によって自分の新たな面が照らしだされます。

中学生は「自己確認→自己確立」の時期ですので、こういう読み方が必要なのです。

ただたんに意味がわかればいいというのは、もっとも低い次元での読解です。読解の段階は、①視覚イメージ再現読解→②感情再現読解→③感情比較読解となります。

◇「教育の統一場理論」

これまで検証してきた通り、視覚イメージはすべての学習のプラットホームになることができます。つまり、すべての教科で同じ力（視考力）を養成することが小学校での目的と考えると、教科間の隔《へだ》たりが一気になくなり、どの教科でも同じ力を養成するための工夫をすることで思考力養成ができるとわかってきます。

この考えを、私は「教育の統一場理論」と呼んでいます。

全教科でまったく同じ絶対基礎学力（視考力）の養成をすることで、何にでも応用できる（受験でも社会生活でも通用する）本当の学力を育てることができるからです。

国語的読解力とは、内容（文字）を視覚イメージに変換し、その視覚イメージを細部に注意することなく次々に再現して、その流れを感じる力です。また、文学鑑賞は思考ではなく反応（再現）ですから、五感が総合的にかかわります。視覚イメージ以外の感覚も、再現までなら可能だからです。

算数的読解力とは、内容（文字・数式）を視覚イメージに変換し、その視覚イメージを

細部に注意して理解する力です。使う能力（視覚イメージの再現と操作）は同じですが、注意すべきポイントがちがうのです。

どちらかが弱いというのは、ポイントのシフト（意識の仕方の変更）をしていないからです。ギアチェンジをしないで山道と高速道路を走ろうとしているから効果が現れないのです。国語と算数という異なるエンジンがあるわけではありません。

エンジンは一つ＝視考力なのです。

つまり、数字という記号を視覚イメージに再現して視覚イメージを操作する。言葉という記号を視覚イメージに再現して視覚イメージを操作する。このときに「確かな視覚イメージ」が必要になります。「確かな視覚イメージ」は、実際に描くことで簡単に獲得できます。

ですから、記号（文字・数字）の絵図化が大切なのです。

すべての学習は視考力の養成で解決するのです。どの科目についても同じことが言えますし、効果もでます。

簡単に説明しておきましょう。

・国語……文字や言葉を視覚イメージに変換して楽しむ。

- **算数**……計算は指とお金の視覚イメージで考え、文章題は算数語を視覚イメージに変換して楽しむ。
- **理科**……理科語を視覚イメージに変換して楽しむ。
- **社会**……社会語を視覚イメージに変換して楽しむ。
- **音楽**……音を視覚イメージに変換して楽しむ。
- **体育**……理想的な動きをまねて（補助してもらい）そのときの体感を視覚イメージとリンクして再現できるようにする。視覚イメージで動きの「お手本」を頭の中に保存する。
- **美術**……さまざまな見方・切り口・感じ方（視覚イメージ化）を楽しむ。
- **家庭科**…さまざまな体感（味覚や触感など）を視覚イメージとリンクさせてていねいに味わいながら取りこむ味わい学習をする。

こういう考えで教育を進めると、反対方向である視覚イメージからの感情（体感）再現も容易にできるようになりますので、感味力養成も効果的にできてしまいます。すると、感味力は表現力の源ですので、本当の表現力も自然に育ってしまいます。

とくに主要五教科以外の「する」「つくる」科目では、「させる」「つくらせる」のではなく、体験を味わう科目と位置づけることで非常に重要な科目であることが再認識されるでしょう。

このように、**すべての科目で視覚イメージを意識して学習することで、視考力という一つの力=絶対基礎学力を育てることができます。**この方法・考え方を、「教育の統一場理論」といいます。

◇表現力と読解力について

さて、ここで表現力の話です。

視覚イメージを言葉などで説明する力が表現力です。

ですから、要約する場合なら視覚イメージを簡略化して、その簡略化した視覚イメージの説明をすればいいですし、長文ならば視覚イメージを細部まで表現すればいいのです。

感情なら、人物の視覚イメージをよく見て説明すればいいのです。

変化させるのは言葉ではなく、視覚イメージなのです。言葉は視覚イメージの説明に過ぎません。説明する対象を変えれば、説明の仕方も当然変わるのです。

それなのに、視覚イメージを意識させずに表現だけいじっても、それは言葉の言い換えをしているだけです。

同様に、作文を「文章を作る」と思っていると書けません。**作文とは、視覚イメージを文で説明したものと考えます。**

すると、作文ができないのは、説明するもとになる視覚イメージがないから、ということがわかります。ないものは説明できないから書けないのです。

反対に、確かな視覚イメージがありさえすれば、どんな作文も自由自在だとわかります。確かな視覚イメージをもたせれば（見えるようにしてあげれば）、あとは、その視覚イメージをよ〜く見ながら説明していけばいいのです。

言葉にすれば説明ですし、文にすれば作文です。

明確な視覚イメージは体験から獲得した原形イメージを連想させ、そのイメージとリンクしている感情をも再現しますが、この感情を文章にすると感想文になります。

つまり、**文章力とは、視覚イメージを説明するのに文字を使う力のことなのです。**

試しに一八三ページで紹介した「絵コンテ読解」で描いた絵を細部にわたって見ながら、表情の説明や思いなども加えて文を書いてみてください。ドンドン書けてしまいます。

確かな視覚イメージがあれば、言葉（文字・文章）はいくらでも出てくるということです。ですから、作文指導もまた視考力養成となるのです。

くわしい作文指導については「一行作文」「5秒作文」「増殖法」などをHPで公開して

いますので、ここでは割愛します。

ではあらためて、読解力とは具体的には何なのでしょうか。

「絵コンテ読解」でも示したように、読解力とは、文章を視覚イメージ化することができる力です。「意味がわかる」と言いますが、「意味がわかる」とは、「視覚イメージ化できる」ということです。

見えることがわかることですから、視覚イメージ化することがわかることなのです。

視覚イメージ変換の対象が文字の場合に、読解力と呼んでいるだけです。

このことは、得意分野の本と苦手分野の本を読みくらべて、そのときの頭の中の様子をよく観察するとわかります。

苦手分野のわからない本は、視覚イメージ化できていません。見えていないからわからないのです。得意分野のほうは意識しないくらい素早く視覚イメージ化できています。静かに頭の中を観察しないと気づかないほど速いのですが、文字を視覚イメージ化して吸収理解しています。

映像は一瞬で反復再生ができますので、長い内容のものでも視覚イメージ化できているものはわかる（いつでも見ることができる）のです。

苦手なものは、視覚イメージ化できていないうちに次の文章に移ってしまいますので、反復再生できずに、つながりもわからなくなるのです。

つまり、文字を視覚イメージ化できないまま音声化しているだけなのです。

視覚イメージ化がなければ、どんなに速く読めても内容はつかめません。まったく無意味な音声再生機にすぎません。これが、スラスラ音読が不要である理由の一つです。本読み上手の本嫌いは、スラスラ音読の重視から生まれます。

「読みながら視覚イメージ化しているかどうか調べようがない」と言う人がいますが、そうでしょうか？　絵図を描かせれば簡単にできます。

また、音声化はふだん話をしている子であれば、何の問題もなくできることは証明ずみですので、スラスラ音読にこだわる理由はまったくないのです。読めればトツトツで十分です。問題は、視覚イメージ化して味わっているかどうかであり、このこと（読解力とは読んでいる文章を頭の中で絵にするということ）を子どもに教えてあげることなのです。

◆自分だけの参考書「わからん帳」

どんぐり倶楽部では、一九九五年から「あらゆる種類の学習形態に対応できる、もっとも簡単でもっとも効率的な学習方法」を求めて勉強会を開いてきました。

その結果、学校・塾・家庭学習のいずれにも効果がある学習方法の要《かなめ》は、「自分のわかっていないところを簡単な方法で記録しておくこと」ができるかどうかだという確信をもつに至りました。

そこで、小学生にでも簡単につくれる「わからん帳」を考案しました。

この「わからん帳」をつくることで、自分の弱点がすべて書いてある、世界で唯一の自分だけの参考書が自動的にできあがるからです。

また、この「わからん帳」を使えば、一人一人の学習環境の善し悪し（学習サポートをきちんと受けられる環境にあるかどうか）までも、一目でわかることが確認できました。

個性と同様に、学力も一人一人異なります。そして、どの先生もおっしゃるように三〇～四〇人クラスという現状では、指導がままならないのは当然です。

ですが、子どもたちは日々成長し、学習内容は学年を追うごとに雪だるま式に増加します。子どもが「わからない」と言うとき、すでに手遅れの状態であることが多いのも特徴です。また、具体的にどこがどうわからないかを子ども自身がわかっていないことも、修復をむずかしくしています。

ところが、「わからん帳」は、その子のわからない部分をすべて具体例つきで示してくれるのですから、これ以上に効果的な学習材料はないといっても過言ではありません。

「わからん帳」のつくり方はいたって簡単です。

問題集（学校の教科書・宿題・テスト、塾のテキスト・宿題・テスト、家庭にある学習教材など。裏に印刷されていないプリント形式のものが最適。同じ問題集を二冊用意してもいい）とふつうのノート、ハサミとのりを用意します。

一回目に解いて、まちがえた問題を切り抜いて、ノートに貼りつけます。二度目に解いて正解になったり、ヒントをもらって正解になったりしたものも含めます。

コレだけです。ところが、これが後々、絶大な効果を発揮するのです

●わからん帳の使い方

「わからん帳」の使い方はさまざまですが、代表的な使い方を紹介します。

大事なことは、「わからん帳」を添削してもらうことです。学校で出すなら担任の先生。塾で出すなら塾の先生。家庭教師でも、もちろんけっこうです。小学校では「連絡帳」と併用して、必要部分だけコピーをして後で「わからん帳」にしてもいいでしょう。

子どもたちが高学年で伸びないもっとも大きな原因は、質問ができないことだとわかっています。ですから、この「わからん帳」を使って、内容が簡単なうちに先生（身内でなく他人）に質問する習慣をつけてあげることが大切なのです。

ただ、質問といっても、直接聞くことはなかなかできませんし、目の前で説明されるとわかった気になる（思考の後追い現象）ことも多いので、添削してもらうのがもっとも効果的です。

添削なら記録にも残りますので、納得できない部分を再度質問できます。「わからん帳」は交換日記のように何度も往復させ、納得のいく説明をしてもらえるまで繰り返し質問することが大事です。

添削をお願いする人が身近にいない場合には、保護者がしますが、その場合は保護者でも先生として（他人として）接することが大事です。

「わからん帳」は長期休みのときに、弱点補強テキストとして使うのが最適でしょう。これ以上に、むりなくむだなく効果的な学習ができる方法はないと思います。

「わからん帳」は、各教科、最低でも二冊は用意します。一冊を先生に提出して添削してもらっている間に、家庭ではもう一冊の「わからん帳」をつくるようにします。

こうして「自分の弱点がすべて書いてある、世界で唯一の自分だけの参考書」をつくるのです。どんな問題集よりも、この「わからん帳」にある問題を消化することが先決であり、学力をつける最短ルートでもあるのです。心して取り組みましょう。

●「わからん帳」の効用

1 一度やった問題はなかなかやる気が出ませんが、つくり直してあるので目新しく感じ、やる気が出ます。

2 勉強したくないときでも、「わからん帳」づくりは作業なので必ずできます。

3 学力に応じて自動的に内容が変化し、一人一人にピッタリの問題集ができあがります。添削が加わると、「世界で唯一のもっとも効果的な参考書」となります。

4 わからないからといって一つの問題で止まってしまい、先に進めないということがなくなるので、学力に関係なく勉強がはかどります。

5 一人一人の弱点（未消化部分）が一目でわかります。保護者にも一目瞭然です。

6 「わからん帳」を提出することで、添削（個人指導）を受けられます。

7 添削を見れば、学校や塾の先生の指導の力量がわかります。添削の説明が下手であれば、その先生の授業もわからないということです。

8 すべてのわからない問題を「わからん帳」に集めることで、塾の問題を学校の先生に、学校の問題を塾の先生に聞くこともできます。

9 テストの点数が関係なくなります。効果的な学習とは、わかっていない部分を明らかにすることが第一歩ですから、後処理（「わからん帳」づくり）さえキチンとしておけば、何の問題も心配もありません。

◇効果絶大のまとめ学習法

最後に暗記と理解を同時に効果的におこなえるまとめ学習「イメージフィックス法」を紹介します。

この方法を先生が知っている場合は「板書」がそのままイメージフィックス法の原形である「お手本」になります。「板書」の真髄です。

板書が記憶再現時の見本となるように心がけていると、書くべき内容、書くべき方法、書くべき場所が自然に決定されます。自分でつくれば「まとめ学習」になります。

●板書作成心得（先生用）：まとめ学習心得（生徒用）

1　見開き二ページ（黒板一面分）で完結する絵図を描く。

2　解説をしながら絵図に必要最小限の文字を加える。色は使わない。頭の中に再現するときには色はないからです。

3　すべての説明が終わってから板書をノートに写させる。こうすることで、解説時には絵図と解説を余裕をもって関連づけしながら理解と整理が同時に何度も可能となります。また、「お手本」を書き写すことで、再確認と最終整理もでき、まとめ方の真髄までマスターできます。

さらに、授業中にはノートに写させず、最後に板書内容のコピーを渡して、ノートに書き写しながら疑問点を考えてくることを宿題にすると、さらに効果的な学習ができます。もちろんコピーは回収して再利用しますので、一度つくった板書計画は永遠に使えます。

4 テストは「お手本」として書いた板書を書かせる（再現させる）だけで十分です。自分で自分の記憶（再現性）を確認する場合も同じです。思い出しながら「お手本」を書けばハッキリわかります。

「お手本」を自力で再現できれば、つけ加えることはいつでもだれにでもできますので、受験生であれば志望校に必要な知識をこの「お手本」に付加します。

このように、イメージフィックス法の「お手本」となる板書（ノート）は、綿密に、用意周到につくられていなければならないのです。解説を短くした、たんなるまとめではお粗末です。優秀な再現性を内包している手法でなければ、有効利用はできないからです。

社会はよく見かけますので、その他の板書例を掲載しておきます。

＜単位換算を「イメージフィックス法：image-fix」でマスターする＞

【単位換算】できるかな？（小１でもできますよ…フフフ）

0.025km＋6300m-4km3cm+8680mm-2.12m＝…？…練習不要で一瞬で解けるようにします。単位の学習と言いながら、やっている内容は単位の換算という名前だけの掛け算だったり割り算だったりということがよくあります。そして、間違えると単位換算の計算に習熟していないからだと言われます。根本的な勘違いです。単位の学習とは単位の構造をマスターすることで計算で換算することではありません。構造が見えるように、実感できるようにすることです。式など一切使う必要はありません。じゃあ換算はしないのか？　もちろんします。一瞬でだれでもできるようにします。楽しく単位換算表を作れば、その場でだれもが自由自在に単位の換算ができるようになります。

●実践例で見てみましょう。　問題：235.8cmは何kmでしょうか。
単位換算手順はこうです。計算はしません。３ステップで終わりです。

1.歌いながら単位換算表を書く
2.単位の基準点を合わせて換算前の数字を書きこむ
3.換算したい基準点に点を移動させる
では実際に換算してみましょう。

1.「キロキロ(ｋ)とヘクト(ｈ)デカ(D)けたメートル(m)がデシ(ｄ)におわれてセンチ(ｃ)ミリミリ(m)」と歌いながら次の表を書く。

キロ	ヘクト	デカ	基準	デシ	センチ	ミリ
k	h	D	m	d	c	m

2.単位の基準点を合わせて換算前の数字を書き込む：cmが基準点

キロ	ヘクト	デカ	基準	デシ	センチ	ミリ
k	h	D	m	d	c	m
			2	3	5.	8

3.換算したい基準点に点を移動させる：cmの点をkmに移動

k	h	D	m	d	c	m
0.	0	0	2	3	5	8

つまり、235.8cm=0.002358kmとなります。

※１時限の授業があれば完璧にできるようになりますし、忘れることもありません。ですから、宿題さえも不要です。
◆もちろんℓでも同様にできます。

「キロキロとヘクトデカけたメートルがデシにおわれてセンチミリミリ」

キロ	ヘクト	デカ	基準	デシ	センチ	ミリ
k	h	D	m/ℓ	d	c	m
×1000	×100	×10	×1	×1/10	×1/100	×1/1000

●では実際に換算計算をしてみましょう。
●単位の基準点を合わせて計算する数字を升目に記入します。
※連続筆算できる場合にはすべて書きこんでもけっこうですが２つずつ計算した方が間違えないでしょう。

【問題】0.025km＋6300m-4km3cm+8680mm-2.12m＝

	キロ k	ヘクト h	デカ D	基準 m/ℓ	デシ d	センチ c	ミリ m
	0.	0	2	5			
＋	6	3	0	0.			
	6	3	2	5			
−	4.	0	0	0	0	3.	
	2	3	2	4	9	7	
＋				8	6	8	0.
	2	3	3	3	6	5	0
−				2.	1	2	
	2	3	3	1	5	3	0

●基準点をどこにするかで単位は自在に決まる
答え：2.33153km→2331.53m→233153cm→2331530mm

＜通分計算を「イメージフィックス法：image-fix」でマスターする＞

●通分ってむずかしい？　それはヘンテコリンな通分をさせられているからです。「どんぐり倶楽部」では「通分計算、右××（つうぶんけいさん、みぎばつばつ）」で通分なんて終わりです。

●通分計算で最小公倍数を求めてから通分をすることがいいことのように思っている人がいるようですが、「どんぐり倶楽部」では最小公倍数を最初から求めるようなむだなことはしません。すべてを同じルールでするのが基本だからです。

●最小公倍数で計算していると②のような分数は手が出なくなります。

「通分計算、右××（つうぶんけいさん、みぎばつばつ）」

①

$$\frac{3}{4}+\frac{4}{20}=\frac{60+16}{80}=\frac{\overset{19}{\cancel{\overset{38}{\cancel{76}}}}}{\underset{20}{\cancel{\underset{40}{\cancel{80}}}}}=\frac{19}{20}$$
（まとめて計算する場合）

$$\frac{3}{4}+\frac{4}{20}=\frac{3\times \overset{5}{\cancel{20}}}{\cancel{4}\times 20}+\frac{\cancel{4}\times 4}{\cancel{4}\times 20}$$
（分割して計算する場合）

$$=\frac{3\times 5}{20}+\frac{4}{20}$$

$$=\frac{15}{20}+\frac{4}{20}=\frac{19}{20}$$

②

$$\frac{8}{11}-\frac{12}{52}=\frac{8}{11}-\frac{12}{52}=\frac{8\times \overset{13}{\cancel{\overset{26}{\cancel{52}}}}}{11\times \underset{13}{\cancel{\underset{26}{\cancel{52}}}}}-\frac{11\times \overset{3}{\cancel{\overset{6}{\cancel{12}}}}}{11\times \underset{13}{\cancel{\underset{26}{\cancel{52}}}}}$$

$$=\frac{8\times 13-11\times 3}{11\times 13}=\frac{104-33}{11\times 13}=\frac{71}{143}$$

※共通分母に最小公倍数を使うのは一瞬で確定できる場合しか役には立ちませんので、基本的には公倍数であれば何を使っても結構です。基本とは何にでも応用のきく考え方（この場合は、通分は共通公倍数を使う）だからです。計算の途中で約分をしていけば何の問題もありませんし、逆に中学では、このような計算途中での約分ができなければ役に立ちません。

＜星座の見え方を「イメージフィックス法：image-fix」でマスターする＞

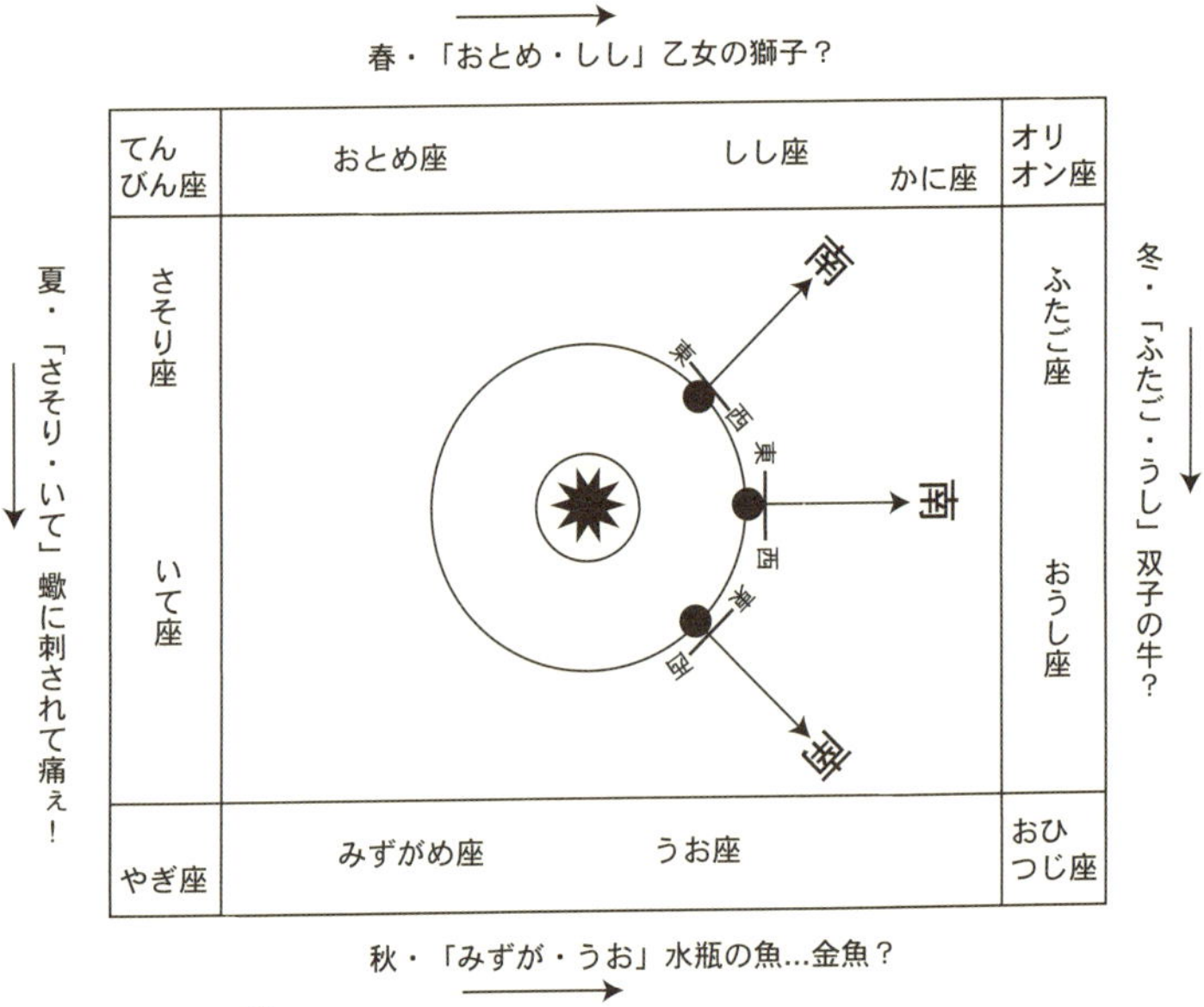

・数合わせ、歌いながら前に倒れる。
「あたま（3文字）」は「みなみ」で「あし」は「きた」
「みぎ（2文字）」が「にし」なら「ひだり」は「ひがし」

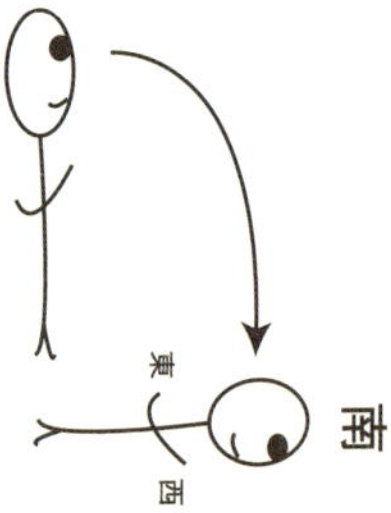

・北の空の問題でもこの状態（いつも南向きに気絶する）で考える。足の方を意識すれば天体の動きはいつも同じ考えで解決する。

・左回りに春夏秋冬・星座表、
「おとめしし」「さそりいて」
「みずがうお」「ふたごうし」
「オリオン、てんびん、やぎ、ひつじ」
おっと、「おひつじ」どこかに「かに～」

●大事なことは設問に左右されることなく上記の絵図を自力で描きおこすことができるように練習することです。この絵図を描き起こせるようになったら、どんな問題にも対応できるからです。また、簡単な問題なら、頭の中だけでも解けますが、不要です。

<英語の基本語順を「イメージフィックス法：image-fix」でマスターする>

◎英語・基本語順の覚え方「いつ・どこで・だれが・どうした・なにをした」

●これは英文を書く最初の授業で必ず教える語呂合わせです。
語順の説明・英作文の作り方・副詞の位置・特殊疑問文を作るときなどに何度も繰り返して自然に覚えさせます。

もちろんすべての語順を網羅しているわけではありませんが、簡単に覚えることができる内容であり、英語学習では非常に役に立つ知識です。

<使い方>

1. まずは「いつ・どこで・だれが・どうした・なにをした」を五七五のリズムで覚えます。
2. 次に、後ろから「いつ・どこで」
前から　「だれが・どうした・なにをした」と書きます。

だれが	どうした	何をした	どこで	いつ
動作主	動作	動作対象	場所	時間

3. 今度は英文を一文だけ覚えます。もちろん語呂合わせに合った英文ならどんな文でもOKです。特殊疑問文のときの展開なども考えると下記のような英文でいいのではないでしょうか。
※中１の間はすべての英文にカタカナでの発音を必ず書きます。

Tom《トム》	eats《イーツ》	two《トゥー》 apples《アップルズ》	in《イン》 the《ザ》 park《パーク》	every《エヴリ》 morning《モーニング》.
トムは	食べる	２個の リンゴを	公園 で	毎朝

4. この一文で「英語の語順」「動詞の構造」「主語の人称」
「英語の前置詞と日本語の助詞の関係」「副詞の位置」

「副詞の種類」「前置詞＋名詞＝副詞or形容詞」「数詞」

「名詞の複数形」「冠詞の用法」なども説明できます。
5. 教科書の文で語順を確認します。

◆　◆　◆

「思い出す工夫が記憶力を高める」

「remember」という英単語があります。「覚えている」と「思い出す」という意味で使われます。何げなく使っている人も多いでしょうが、じつは非常に興味深い訳であることに気づいているでしょうか？

「暗記」とはなんでしょうか？　人はすべての体験（とくに視覚イメージ入力されたもの）を自動記録しています。意識しようがしまいが、記録はされてしまうのです。

意外に思われるかもしれませんが、このことはすでに証明されています。サブリミナル効果は、その代表例です。見えもしない（実際には見えているのですが、意識できないほどの速さなので、見えているとは意識できません――つまり、目には入っていても、見えていない）映像さえも記録しており、行動にまで影響を与えるのです。

そうすると、記録と記憶（暗記）は、まったく異なることだとわかります。記憶（覚えていること）とは「思い出せること」なのです。

だから、記憶力をアップする（暗記力を高める）ときに、何度も入力を繰り返すことは無意味なのです。思い出す練習、思い出す工夫が、じつは記憶力をアップする（暗記力を高める）ことなのですから。

ところが、人間は、思考するための記録再現抑制力をもっています。勝手に（自動的に、あるいは無意識的に）記録が再現されると、思考に障害をきたすからです。

つまり、入力（記録）が自動的に無意識になされるのは正常ですが、再現は意識して選択的にしかできないのが正常なのです。

単純に考えると、すべてのことを自動的に思い出すこと（覚えていること）ができれば良さそうに思えますが、じつはそうなってしまうと、考えることができなくなるのです。ロシアの完全記憶能力者シィーの悲惨な末路がそれを証明しています。ですから、だれでもできるけれども、自動記憶再現はバランスを保って制御されているのです。

ところが、この制御力の重大な意義に気づいていない人は、制御力が弱いことを「暗記力・記憶力が優れている」とカンちがいしてしまいます。さらに、無意識に、あるいは反射的に再現できるほうが便利だと思ってしまいます。恐ろしいカンちがいです。

生まれつき制御力が弱いがために記憶力に優れている子がいます。何でも一目見て覚えてしまいます。これを素晴らしい能力だとカンちがいして、伸ばしてしまう大人までいます。

行き着くところは、考えることができない録画再生人間のできあがりです。厄介なことには、思考の軌跡までパターンとしてコピーできるので、パターン学習をさせると学力もついたように見えます。この「コピー学力」を見抜けずに、創造性はないが秀才だと思われる場合もあります。

修正方法は、意識的に、意識して記憶を使う練習をする以外にはありません。そして、コピー練習を必要最低限に抑えることです。

反対の場合もあります。生まれつき制御力が強いがために、記憶力が劣っている子です。

この場合も理屈は同じです。記録はされているけれど、思い出すのに意識的なキッカケ（補助）が必要だというだけなのです。この場合には、有効なものが個別に変わってきます。記録されている記憶とリンクさせることで再現性（思い出すこと）を高めるのですが、音であったり、リズムであったり、動きであったり、絵図であったりと、多種多様です。

基本的には、その個人が得意なこと（障害とならない部分）を利用して再現性を高めることで解決します。

つまり、人間は意識的に記憶を利用できるようにバランスをとらないと、考えられない人間になってしまうということです。

さらに、体は視覚イメージの後追いをします。反射的に視覚イメージの動きのまねをするのです。ですから、無意識に視覚イメージが再現されてしまうと、「するつもりはなかったのに、勝手に体が動いてしまった」という現象が当然おこります。異常行動に見えますが、ごく自然で理由のあることなのです。だから、幼児・児童期のカンちがい教育は非常に怖いのです。

ですから、これらのことを知っていれば、安易に殺人事件のニュースなど見せてはいけないことや、フラッシュカードなどを使ってデータを増加させてはいけないことがわかると思います。

体の制御では、楽器の演奏やスポーツも含めて、無意識にできる必要がある場合が少なくないので、徹底反復やイメージトレーニングでの動作の自動化は重要な手法にもなります。

しかし、思考力養成の場合はまったくちがうのです。「無意識に・反射的に」は「考えないで」ということですから、「思考力養成」にはなりえないということです。

コレが、思考回路が作成できるリミットである十二歳までは、体の制御以外では、徹底反復・スピード養成が厳禁である理由です。

◆　◆　◆

6 むりなくむだのない中学受験

◇受験勉強をはじめる前に

受験には、パターン学習がもっとも効果的です。

ただし、受験勉強に入る前に、パターン学習に耐えられるだけの（パターンを自分の思考回路の一部として消化できるだけの）格段に多様な思考回路作成を終えていなければなりません。

こうすることで、パターン学習をしても悪影響を受けずに効果的な学習ができるからです。**多種多様な思考回路の作成が、パターン学習の悪影響の予防になるのです。**

これが本当の学力であり、基礎基本なのです。

ところが、「どうせするのだから早ければ早いほうがいい」とばかりに、思考回路作成時期にパターン学習（受験勉強）をしてしまうと、単純なパターンしか使えない貧弱な思考回路しかつくれないことになります。

ここでは、種々の理由でどうしても中学受験をしなければならないという前提で、悪影響を最小限に抑えつつ、合格するための受験勉強法を紹介します。

誤解のないように言っておきますが、中学受験が危険なのは、受験勉強をする時期が問題だからです。脳内進化が完了していない時期だから、危険なのです。

ですから、受験は受験でも、高校受験は、たとえ進学しなくてもさせることが望ましいのです。十分に覚悟をし、準備をし、相手を分析し、自分を分析し、計画を立てる。戦い方を教え、知識もスピードも養成すべき時期だからです。

したがって、高校受験をしなくていいから附属中学という考えは、まったくお勧めできません。高校受験という絶好の進化チャンスを逃して、なおかつ危険な中学受験をさせる意味はまったくないと考えるからです。

では、ここでは特別な事情で「危険な中学受験」をさせなければならない場合を想定して、対応策を紹介します。

どんぐり倶楽部では受験を問題解決のシミュレーションと位置づけ、分析力養成などの材料と考えます。問題分析ができるように育てるには、年齢を考慮して、受験を三種類に区別します。

対応方法を見せることが中心となる「お手本の中学受験」

具体的な対処方法を最初から体験させる「方法伝授の高校受験」

すべてのプランを自分で立てる「実践の大学受験・就職試験」です。

今回は中学受験のみを紹介します。

中学受験の場合、計画は長期計画＋短期計画で成功します。

保護者は三〜四年前からの長期計画を実行し、本人は小六の夏（場合によっては小五の夏）から受験態勢に入ります。

ですから、小六の夏（場合によっては小五の夏）までに本人が受験を自覚できるように、数年かけてむりなく環境をととのえる必要も出てきます。

したがって、「保護者がすべきことと時期」と「本人がすべきことと時期」はまったく異なりますので十分注意してください。

◇思考力をそこなわない健全な受験

知性も感性も豊かな状態を保ちながら、受験を突破する方法があります。

ただし、できればしないほうがいい。

また、算数オリンピック等の場合は、子ども自身が好きで主体的に進めたい場合にのみお勧めします。どんな場面にも、「良質の算数文章問題」で対応できます。

消化方法はさまざまですが、代表例を書いておきます。

1 一〇〇題から五二題を選択→一週間一題コース。→十分です。

2 一週間に二題→年間一〇〇題コース。→理想的です。

3 小六の七月までに七〇〇題→中学受験コース→中学受験の理想

4 小五の七月までに七〇〇題→中学受験コース→最難関中学受験の場合

※ただし、親の都合ではなく、子どものエネルギーに余裕がある場合にのみ許可。

5 小三の終わりまでに七〇〇題→自主的にドンドン進みたがる子どものみ

※算数オリンピックなどに有効ですが、絶対に「させる」ようではダメです。

どの方法でも、使う問題は同じですから、つくられる思考回路はだいたい同じです。必要十分な思考回路がつくられますので、あらゆる学習に応用がききます。

受験勉強は、問題の解法ではなく、志望校が求めている考え方そのものをマスターするように心がけます。そうすると、志望校のどんな問題でも解けるようになります。

ですから「過去問題【を】解ければＯＫ」ではなく「過去問題【で】解く練習をする」のです。だから同じ問題を何回やってもいいのです。

毎年、入試問題は変わりますが、求められている考え方は同じなのです。ここを意識して勉強することが受験勉強なのです。

ところが、莫大な問題数をさせておきながら、肝心の考え方は意識させないで、感づく程度までしか育成できないのが現状の塾です。そして、子どもが自力で考え方をやっとマスターしたときに、「多くの問題を消化したから応用力がついたんだよ」などと言います。ところが、最初から「考え方が大事なんだ」と教えていけば、だれもがすぐにマスターできるのです。

何と多くのむだな時間とお金と労力を使っているのでしょう。まさに「労多くして益少なし」です。

◇テキストとテストについて

補助的に使うテキストは、どこのものでもけっこうです。ＹでもＮでも変わりません。市販の受験用のテキストでもけっこうです。

また、塾などのテストを中心に計画を立てることはしません。受験本番以外のテストはすべて学習材料にすぎないからです。なぜなら、点数が関係するのは本番だけだからです。週例テストや月例テストは「わからん帳」の材料となるだけですし、模擬テストの成績さえも受験の合否にはまったく関係ありません。当然ですが、塾推薦（一部の中学は塾推薦枠をもっています）以外には、テスト結果はまったく影響しないからです。点数を取る必要があるのは、本番だけなのです。

オープンテスト・入塾テスト・週例テスト・月例テスト・模擬テスト・志望校別テスト・直前テスト・まとめテスト……**どんなテストも準備をしないで受けることが大前提です。**弱点発見のための材料にするのですから、実力を測らなくては意味がないからです。

親の安心感や塾の思惑に子どもを合わせる必要はいっさいありませんし、効率が非常に悪くなります。効果的ならお勧めしますが、これほど学力の伸びを制限するものはありません。子どものペースを守ることが学力養成の原則なのに、テストのペースに合わせて計画を立てていては、子どもの実力を引き出すことはできません。

控えめに見ても、余裕のある子にとってはテスト用に復習する意味はありませんし、余裕のない子にとっては理解をさまたげ、暗記に走らせることになる大きな原因となるからです。

◇過去問題を使った「読み聞かせ」学習法

過去問題は何度も復習します。問題ではなく、問題を解くときに必要な考え方・感性をマスターするためです。

ところが、子どもの自然な成長の結果として獲得できる考え方・感性と、受験で問われる考え方・感性は必ずしも一致しませんし、一致しない（子どもが幼い）ほうがふつうであり健全です。

そこで、緊急避難的な措置ですが、期間限定で受験用の考え方・感性を一時的にわかるようにします。ただし、これは受験が終わったらリセットすべき考え方・感性ですので、指導するほうもサルまねであることを意識したうえで指導してください。また、偏った指導であり、極力少なくすべきですので、第一志望校のみに限定してください。

では、過去問題を使った「読み聞かせ」学習方法です。

1　過去問題を一〇年間分用意する（最新の一年分は使わない）。
2　全科目の問題をていねいに読みあげて、語句や文章の不明瞭な点を解説する。
3　設問解釈を加えながら、答えにつながる「考え方」を教える。
4　生徒の考え方・感じ方を聞いて、受験問題での考え方・感じ方と比較修正する。

5　答えの暗記ではなく、考え方をマスターできたかどうかを、最新の一年分で確認する。

最難関校の場合には、この「読み聞かせ」は全国公立高校の入試問題も併用します。

◇学力を点数力に変換する「設問解釈」

設問解釈はとくに国語で威力を発揮します。

国語の学習でもっとも効果的な方法は、同じ種類の設問だけを一週間続けて解く方法です。一つの問題文で一つの設問しか解きません。このときに、必ず設問が求めていることが何であるか（どんなことであるか）を確認しながら進めます。

1　問題を五題用意します。
2　各問題を設問数だけコピーします。
3　同じ種類の設問ごとに綴じます。漢字、接続詞、内容真偽（選択）、要約など。
4　共通している設問以外には斜線を引き、解かないようにします。
5　まず設問から読んで、その設問が求めていることだけを頭において本文を読みます。

※ここで、何を求められているかを確認する。←設問解釈

※答えるべきもの（焦点）が定まっているので、漠然と読んでいるときよりも簡単で正確に読みとれる（穴埋め問題は先にやっておく）。

6 同じ種類の設問を一日五題、六日間、約三〇題続ける。

7 次の週はちがう種類の設問（問題文は同じでいい）を解く。

※設問の種類は二〇種類くらいです。ですから約二〇週（五カ月弱）で国語の設問解釈が終わります。

8 設問解釈が終わったら、初めて問題文にある設問をすべて一気に解きます。すでにどんなことが設問として出てくるのかは頭が感じていますので、いままでの漠然とした読み方とはちがっています。

◇志望校対策は自宅でする

意外でしょうが、塾では志望校対策はしていません。「志望校別コース」「志望校別対策」というタイトルはついていますが、実際には「出やすい部分の強化」にすぎません。これは志望校対策ではありません。

実際の志望校対策とは、九〇～一〇〇パーセントの精度で予想し、七五パーセントを確実にとれるように仕上げるものです。多くの方が「素人ではできない」と言われますが、できます。

どんぐり倶楽部のＨＰには、保護者（働く母）の受験準備（子どもが小三になったのではじめた）の実例が掲載されています。「どんぐり倶楽部」からのアドバイスを受けながらつくった「過去問題分析→学習予定表作成」と、保護者が予測した「予想問題例＋予想結果」もあります。関心のある方は参照してください。保護者がつくった予想問題は見事に本番（予想年度の入試内容）と一致しています。

●注意——九歳の壁と落とし穴

『絶対学力』のサブタイトルは「9歳の壁をどう突破していくか?」でした。そうなんです、「どう」突破するかが問題なのです。だれでもふつうに突破するだけならできるんです。ですが、問題は「どう突破するか」なのです。

親は、ラクラク「九歳の壁を越えた」と思っていながら、子どもは、ドップリと九歳の「落とし穴」に落ちている場合があります。もちろんそんなことになっているとは親子ともども微塵も思っていません。「絵図なんて描かなくても」あるいは「参考程度に描けば答えがわかるから、いらないんじゃない?」なんてことを本気で思っている人たちです。これでは、永久に九歳の壁は越えられません。落とし穴から壁の向こうは見えないので、気づかないのです。気づいたときには十二歳の思考の臨界期を越えており、そこからの巻き返しは生物学的に不可能なのです。

九歳前後で人間は具象思考から抽象思考に移行できるだけのデータベースを構築します。ですから、この時期には抽象思考ができるようになります。しかしながら、ここには落とし穴が待ちかまえています。この年齢で、言葉や理論（理屈）で考えることができる思考は非常に限られているからです。それなのに、思考回路網は最長でも十二歳までにはつくり終えられ、以降は刈りこみがはじまるのですから、**言葉や理論に頼らないで思考回路網を増加させる工夫が必要になります。そしてこの工夫が、決定的な思考力の差をつくりだすのです。**

言葉や理論（理屈）で思考していた子どもたちは、複雑な課題を前にすると「もう考えることができない・わからない」と思ってしまいます。ところが、つねに明確な視覚イメージで（自分で描いた絵図を操作して）考えていると、この限界を感じることはありません。それどころか、幼児・児童期であれば頭が柔軟なぶん、大人でも考えつかないような思考（視覚イメージ操作）を簡単にします。

これが、本当の思考力養成です。視考力を活用した思考力養成が本格的に始動するのです。この方法での幼児・児童期の思考力養成は、思考回路網の作成そのものになりますし、大人でも切り口の多様化やヒラメキのキッカケになります。

ところが、簡単な抽象思考ができるようになると、このもっとも大切な視考力を活用した思考力養成をやめてしまう人（視考力を知らない人は論外）が出てきます。これが九歳の「落とし穴」です。抽象思考ができるようになったから九歳の壁を越えたと思いこんでしまうのです。

残念ながら、抽象思考はだれもができるようになるんです。そして、その時期に九歳の壁の前にたどり着いたというだけのことで、越えてはいないのです。そして、**抽象思考ができるようになっても、視考力養成にもっとも効果のある具象思考（絵図で考える：もちろん本当の物を使ってもいいのですが、大変手間がかかります）を続けることが、九歳の壁を越える唯一の道なのです。**そして、思考回路網の刈りこみがはじまるときまで視覚イメージの再現・操作を通して（視考力を活用して）思考回路作成を続けることが、九歳の壁を越えることなのです。

自動的にだれもが移行できる「具象思考→抽象思考」をワザワザ「壁」とは呼びません。専門家でもカンちがいしている人がいるようなので、注意が必要です。

以下に、ＨＰから受験関連の書きこみを紹介しておきます。

中学受験勉強中の小五女子です。先日売買算をしたおり、つくづくパターン学習、暗記算数に陥っていることに愕然としました。ちょっと切り口を変えられるとわからないと言い、同様の問題も、いちいち親がヒントをださないと処理できない始末。九月より新単元が目白押しで、このままでは親子ともども座礁です。「まだ遅くない」と自分に言いきかせながら、娘の考えない頭をリフォームするにはどんぐりプリントしかないという思いで登録させていただきます。現在まで放置しておいた親の責任を痛感しております。

＊　＊　＊

四年生の息子が中学受験を考えはじめました。受験予定の中学は福岡でたとえるなら、福教大附属と久留米大附設の間のレベルです。附属レベルなら、直前の志望校の過去問中心作戦は成功すると思いますが、それ以上のレベルの中学でその作戦が通用するのかどうか不安です。現在、どんぐりの文章題は四年生を終え、五年生に突入しています。何とか図を書きながら解けている状態です。

【どんぐり倶楽部より返信】

当然、分析後に受験テキスト（どこの塾のものでもけっこうです）で学習します。受験勉強の方法は同じです。過去問題は分析して必要な考え方を抽出するための作業です。

すべきことは、その後で具体的になります。附属でも開成でも方法は同じです。分析結果が異なるので、自然に分量（学習期間）や学習すべき内容が異なるだけです。ですから、分析が大事であり、分析せずにする学習は時間がかかるうえに「労多くして益少なし」なのです。

●参考：一〇年間の過去問題分析時の注意点

年度ごとではなく科目ごとにします。使われている語句・定理・数式・「考え方」のなかで学校では修得できそうにないものをピックアップします。

ピックアップした内容を小六（小五）の夏から修得するためにはどんな準備（予習ではなく準備）が必要かを考えます。環境設定（内容変更）のタイミングを計画します。むりなく消化できるように仕組みます。

受験用テキストから分析結果にしたがって必要な問題のみをピックアップして準備します。小六（小五）の夏から子どもと一緒に学習プランを立てます。もちろん、実際にはじめてからプランは適宜、修正していきます。

＊　＊　＊

わが子は、小三です。冬休みにスキー合宿に行きましたが、自習の時間用に『新・絶対学力』を持たせて「何年生のでもいいよ。好きなのやっていいよ」と言いました（三年の文章題がちょうど終わって、次のテキストをまだ準備していなかったため）。すると、四年を一問、五年を一問、正解できたと言って帰ってきました。帰宅後、自分でも、ひょっとして六年も？　とひそかにやってみたらしく、「ママ〜、六年の問題が、一発正解だよ〜」と台所に飛んできました。ノートを見ると、絵はちゃんと描いてありました。

学習歴は、小一の夏から小一のどんぐり問題をはじめ、その後、小三現在まで、該当学年のどんぐり問題をやっています。もしや、この二年半の間に、少しずつ頭がよくなったのでは!?　と本人もちょっと興奮していました。

どうしても受験問題集をやるなら、どんぐり問題をやってから、というお話が、以前、この掲示板であったと思いますが、どんぐり四年終了→四年予習シリーズ、ということでもよいのでしょうか？　それとも、どんぐり六年まで終了→四年、五年、六年の予習シリーズ、ということでしょうか？

【どんぐり倶楽部より返信】

「準備」ができているようですので、アドバイスします。

1　小三の終わりまでは「どんぐり倶楽部」の「良質の算数文章問題」のみをコンスタントに進める。まちがったりわからない問題は気にせずに「わからん帳」へ（コレが後の弱点補強用のテキストになります）。

2　その後は在籍学年に関係なく、小五までの「どんぐり倶楽部」の「良質の算数文章問題」がひと通り終わったところで「わからん帳」のみを再度します。小五の夏までに終わるといいですね。

3　ジュニア予習シリーズと予習シリーズをすべてそろえます。学年に関係なく解ける問題だけを解きます。解けた問題は捨てます（×をつけてもけっこうです）。通塾はしません。週例テストは受けません。公開テストを一年に二度ほど（夏期講習・冬期講習用のテストでもOK）受けて「わからん帳」に加えます。テスト用の勉強はしてはいけません。

4　小六の「どんぐり倶楽部」の「良質の算数文章問題」と残っている予習シリーズを小六の夏前までに「わからん帳」をつくりながら進める。

5　受験校の傾向と予習シリーズの内容を比較検討して、不要な部分をカットします（自信がなければ家庭教師に頼みます）。

6　選択した学習内容を小六の夏〜十二月までに消化するプランを立てます。

もちろん学習方法は、志望校の過去問題を使った「設問解釈」が中心です。テストで毎回百点でもどこにも入れませんが、テストで毎回〇点でも受験で七五パーセントとれればどこでも合格です。テストは自分の弱点を探すためにしか使いません。だからテスト用の勉強は厳禁です。保護者はお子さんが小四（小三）になったら志望校の過去問題の分析（一〇年分）を少しずつはじめます。

●**注意**　絶対にスピード養成をしてはいけません。必要なスピード養成は小六の九月からです。

＊　＊　＊

中学受験を今年の夏おもいたったものの、塾任せではなかなか理解に及ばずあせって先生に相談させていただいたものです。四〜五年生時期から塾や家庭教師など受験対策している小学校の友人とその家族からは、「いまさらねえ」とか、「無理よ」とか、陰でいわれるのを耳にしましたし、子どもは友人に面と向かって直接いわれたらしいです。「自分に制限をかけるのは自分自身だ」ということを常日頃伝えてきたこと、いったん自信を持つと、何があってもそのままという子どもの性格もあって、どんぐり方式をやりつづけました。

一カ月きったときには本当にあせりました。『落ち着きなさい!!』とどんぐり先生にいわれて、やっと平静を取り戻し、このまま塾任せでは絶対に受からない、と切り捨てる勇気がなかった塾をやめる決心をしたのでした。みんなびっくりしていました、気で

も触れたのか、あきらめたのか、と。（中略）

スイッチが入って、解く「きっかけ」が導きだせ解けだしたときには、言葉では言い表せないくらいの感動ものでした。過去問をじつはばかにしていたのですが、解いていくごとにその学校のカラーと、この学校は何を子どもから引き出そうとしているのか、が浮き彫りに見えてきたときにはびっくりしました！

もちろん、その学校の設問も浮き彫りになってわかってきたのですから、もっている問題集から子ども自身が類題を選ぶようになりました。「ひえ～」です。

また、こんな解き方もある、と一つの大問題を複数の解き方で示したときにもひっくり返りそうに驚きました。トップクラスの子たちが解けない問題さえ解けるようになっていたのですから。だって最初、受験問題はさっぱりわからなかったんですよ。一カ月前の私のあせりって、子どもが単純な文章題を一カ月前になってさえも一問も解けなかったからです。偏差値も一〇台でした。当時、時間がなく、あせりにあせっていましたが、いわれた通りにとにかく、絵に描かせまくりました。

はじめはまったく描けなかったのです。それから描けるようになっても、ひとつひとつの関連性を表現できなかったのです。それが、ある日突然、スイッチが入ったようにわかるようになり、問題がすらすら解けるようになりました。過去問の大問題をやっていたときに、はじめ、なんのこっちゃと言っていた難解なものも、図にして絵を描きまくり式を導きだし、解いたときには驚きました。

塾ではどの先生もギブアップして、「こんな問題解かなくていいよ」と言われた問題を、図を展開に展開して描きまくり、そこから式を導きだして解いたといって意気揚々として帰ってきたときにはさすがにびっくりしました。

そして、受験目前の一カ月前に塾をやめ、先生のおっしゃるように、「わからん帳」作成、文章題を図に変換、過去問分析、のみにフォーカスして短期集中してやりました。

おかげさまで、第一志望校に合格しました！

【どんぐり倶楽部より返信】

だって、私は、最大手の受験塾の先生に指導方法を教えていたんですから「どんぐり方式」が受験にも受験でなくても効果的なのは当たり前なんです。

私は、塾や昨今の小学校が誤って目指そうとしている終点から出発したんです。だから、まちがえることはあり得ないんです。

手前味噌ですが「どんぐり方式」は「絶対」なんです。

もっともらしく「絶対なんてない。いろんな方法があって……」と言う人がいます。人間の頭の構造（学習方法）を知らない人の言葉です。

付録

【学習相談】

どんぐり倶楽部のＨＰ・掲示板（過去ログ）にあります学習相談の記録から、以下に紹介させていただきます。

◉思考力の養成について◉

? **「良質の文章問題」では、どうしてヒントをだしてはいけないのですか？**

! 子どもの思考回路作成のじゃまをすることになるからです。

? **どうして消しゴムを使ってはいけないのですか？**

! 思考の形跡がなくなり、何をどう考えているのかがだれにもわからなくなるからです。

? **どうして頭の中だけで解いてはいけないのですか？**

! すぐに限界になり、切り口を変えられなくなり、応用がきかなくなるからです。

? **昔は「読み書き計算」でよかったのに、なぜいまはダメなんでしょう？**

! 昔は「テキト〜」にしていたから害が少なかっただけです。徹底していたら、同じ現象が起きています。それに昔は、日常生活や遊びの中での工夫がいまよりも格段に多かったために弊害が少なくてすんだのでしょう。

? **中学受験塾にポンと入れて、さほどダメージも受けずに要領よくこなして合格する子もいれば、パターン学習におぼれて疲弊してしまう子もいるようですが、それは生まれつきなのでしょうか？ 家庭環境とかによるということなのでしょうか？**

! 一つには生まれつきのエネルギー量のちがいです。一日じゅう飛び跳ねていてもまったく疲れない子もいれば、すぐにへたばる子もいます。もともと不公平に生まれてきます。とはいえ、環境は非常に大きいようです。ストレスの発散を定期的にしている家庭は、おおむね良好です。

? **わたしたちが小学生のときは、別段、視考力をつけるために意識的に何かされたという覚えもないのですが、いったい何がちがうのでしょうか？**

! もともと、体を動かすにも視覚イメージ操作が必要ですから、だれでも視考力はもっています。ですから、偶然にもその視考力を十分使っていると、頭がよくなるのです。

超一流のスポーツ選手が理論的であり賢いのはなぜだと思いますか？　視考力を使っているからです。

ところが、人間の文化は文字文化です。あるいは言葉文化です。ですから言葉と視考力を結びつけると明確に力がわかるんです。学歴がなくても賢い人はいますね。そういう人は、視考力と文字をつなげば飛躍的に学力ものびます。

また、ノーベル賞受賞者の多くが「子どものときの体験が役立った」と言いますが、当然のことなんです。このときに思考回路をつくっているのですからね。

いまは環境の変化や大人の過干渉、「読み・書き・計算」偏重の教育により、十二歳までの思考回路の作成が非常に阻害されやすくなっています。ヒトから人間に成長できない「子ども大人」が増えやすい状況だと危惧しています。

? 子どもの脳を健全に発達させるためには「良質の算数文章問題」が絶対に必要なのでしょうか？

! そんなことはありません。ですが、非常に効果的でむだがありませんし、ハズレもありません。一週間に一題でもいい「良質の算数文章問題」は、ゆったりとした豊かで自由な時間をつくりだすための効果的で効率的な学習方法であり、「これだけ算数・計算編」はストレスなく計算力もアップできて、遊ぶための余裕の時間もつくれます。「漢字読本」なら一日で一年分を消化することだってできます。すべては、本当の学力養成に必要な「ストレスのない学習」と「遊ぶための時間」を確保するためのものです。

? 先取りさせれば、後が楽なのでは？

❗ まったく逆です。先取りという名のパターン学習は、十二歳までにつくらなければつくれなくなるさまざまな思考モデル（思考回路）作成のじゃまをするのです。

先取り学習は学年を落としてさせるだけに通常のパターン学習よりもさらに単純で寄り道ができない仕組みになっていますので、よりいっそう貧弱な思考回路しかつくることができない非常に危険な学習方法なのです。

❓ 「IQが高くなる」ことについてどう思われますか？

❗ 「IQが高くなる」とは、いまの検査方法では反射速度が速くなるということです。ですから、IQが高くなる（反射速度が一定以上に速くなる）ことは学力向上を意味しません。

現在おこなわれているIQテストでのIQは本人のコンディションや環境や相性でも二〇くらいは前後すると思います。IQが七〇以下および一三〇以上の場合は異常とされます（高くても異常なのです！）が、それは人間らしい判断を含む思考が正常にできにくいからです。

低いと視覚イメージを連動してとらえにくいので全体像の把握が困難になり、目の前の事象を前後関係を考慮できずに脈絡なく処理することになるからです。

高いと視覚イメージ処理が速すぎて意識できにくいので、過程を考慮した判断がしにくくなります。感じるのに要する時間（感情が流れる時間は速められません）よりも早く結果に到達してしまうからです。

高IQの人に反射的な処理が得意な人が多いのも、これが原因です。自分では意識しないが「わかってしまう」状態です。いいことのように思いがちですが、まったく逆で、意識的に、ゆっくりていねいに考えて、必ず納得感や違和感という感情を判断基準として確認しながら言動を選ぶ練習が必要となります。

◉習い事について◉

? 習い事をしている子どもが多いですが、どんな習い事がいいのでしょうか？

! まず、習い事を学力養成とカンちがいしてはいけません。

自主的な遊びは大いに学力養成になりますが、教えてもらい、パターンを反復することが中心となっている習い事は学力養成になりません。

体を動かすものについては反復が重要な要素なのはもちろんですが、「教えられること」「反復すること」は、教えられたパターン以外の新しい思考回路はいっさいつくらないのですから、自主的な遊びをしているときのように新しい思考回路をつくりだすことはきわめて少ないか、ゼロです。

スポーツだから遊びと同じと考えているようでは、見当ちがいの影響を与えます。

本当に好きなことを自由に自分の発想でできる場所であるならばお勧めできますが、ふつうの「〇〇教室」ではむずかしいでしょう。

また、自然を相手にするほうが情報量や状況の変化も格段に大きいので、思考回路の増え方はくらべものにならないほど多いことも注意点です。

これらの思考回路はすべて学力の素になるからです。

学力養成や才能開発という教室でも、内容はパターン学習というお粗末な学習方法である場合が多いようです。

◉遊びについて◉

? 遊びが学力養成になるとのことですが、どんな遊びでもいいのでしょうか?

! 工夫ができる状態で自分から進んで楽しくできるものなら、健康に害がない限り何でもけっこうです。十二歳まで（とくに九歳まで）の子どもにとっては、遊びは時間つぶしではありませんし、そうさせるべきではありません。

なぜならば、主体的な活動とは、自分から次々に新しいイメージ操作（遊びの場合はおもに体を操るためのイメージ操作）モデルをつくりつづけている状態だからです（思考回路作成とまったく同じです）。

もちろん、室内でもけっこうですが、外（自然）のほうが状況変化が格段に複雑です。ということは、その変化に対応するためのモデル作成も格段に多くなるということです。つまり、学力の素がどんどんつくられるということです。

だから、好きなことを目いっぱいした人のほうが、本格的に勉強をはじめると一気に成績が上がります。当たり前のことです。やる気の問題でもありませんし、偶然でもありませんし、才能でもありません。下準備をしているからです。

反対に、どんなに遊んでいても、「主体的」でなければ学力養成にはならないんです。とくに遊ばせられているような受け身のときには（いやいやさせられている・楽しくない・決められて・義務的に）、自分からつくりだす多種多様な視覚イメージは出てきませんから、学力養成にはなりません。

遊びの量や種類には、ほとんど関係ありません。「させられている遊び」は有害なのです。

外遊びがむずかしい環境でも、工夫して、子どもが主体的に外遊びをすることが、学力養成になります。つまり、十二歳までは三時間を机上の学習に使うヒマがあるのなら、一時間かけて郊外に行き、一時間遊んで一時間かけて帰ってくるほうが学力養成になるということです。

◉ゲームについて◉

？ テレビゲームをもっていますが、ゲームは時間を制限すれば大丈夫でしょうか？

！ テレビゲームの類も高速徹底反復ですので非常に危険です。ですが、楽しく感じるようにつくられているので、放っておくと続けてしまいますね。結果はご存じの通りです。

テレビゲームと高速計算の間には、何のちがいもありません。する時間が同じであれば、ゲームのほうが処理する種類が多いぶん「まだまし」かもしれないくらいです。

もちろん、しないほうがいいのは目に見えています。

「できるから楽しくなる」は、体を動かす場合には大きな効果をもたらしますが、勉強にかんしてはダメです。とくに単純思考回路しか使わないことを「速くできるから楽しい」と感じるように育ててはいけません。

頭の中での単純な反復はいやがるように育てないと、考えるという「時間がかかること」「複雑なこと」はしようとは思わなくなってしまいます。「めんどっちい」→「考える気にならない」→そのうちに思考の臨界期を越えて、考えようとしても「考えられない」となってしまいます。

感情も思考も正常には育たなくなりますので、幼児・児童期には要注意です。

正常な反応は、視覚イメージにマッチする五感の体感が保証します。ところが、テレビゲームの類では使用する視覚イメージが貧弱であることに加えて体感もできないので、バイオフィードバックとマッチングという感情の完結作用ができないのです。

このストレスは無意識に蓄積され、感覚のズレが生まれます。すると、不安感、希薄な感情、ひいては異常感覚が出てくるのです。

◉才能開発について◉

？ 早期教育のなかには、子どもにとって有益なこともあるのではないでしょうか？

！ 開発という名の破壊活動をご存じだと思います。

自然開発とは自然破壊のことであることがほとんどです。同様に、才能開発とは才能破壊であることがほとんどです。

能力は開発すればいいというものではありません。幼児・児童期に目ざめさせてはいけない能力もあるのです。とくに、時期がずれているときに（不自然に早く）発揮される能力は、害になります。害になるからこそ、自然には発達しないようにプログラムされているのです。

幼児・児童期に目ざめた能力は、一生の性格（能力によっては一生の弊害）になる場合が多いので、要注意です。もっている能力でも環境に合わない場合には発動させないという制御力が、人間のもっとも高度に進化した能力の一つであることを忘れてはいけないのです。

人間はあらゆるものを楽しむ能力をもっています。しかし、あらゆるものを楽しめることは、じつは恐ろしいことです。どんなに不自然なことでも、非道徳的なことでも、そこに快楽を感じることができるのですから。

ここに子どもたちを教育することの重要性があります。そして、開発してはいけないこと、目ざめさせてはいけない能力が、人間にはあることを知らずにおこなう教育や開発は、暗闇の中で射撃練習をするようなものです。幼児・児童期にテレビゲームに快楽を感じるような能力を開花させる必要はまったくありません。高速計算を喜ぶ能力も害になるだけです。高速反射にあこがれる必要もありませんし、慣れさせる必然性もありません。

開発という甘い言葉には要注意です。なぜなら、開発などしなくても、視覚イメージ操作は最初から超高速でできるからです。そして、この能力は、生まれたときからだれもが使っている得意技です。教えるべきは視考力の使い方なのです。

【利用者の声】

だれもがまったく同じテキスト「良質の算数文章問題」を使っているのに、計算さえおぼつかない子にも、中学受験をする子にも、算数オリンピックを目指す子にも効果的であることを不思議に思ってください。そして、なぜ効果が出ているのかを考えてください。

● ● ● ●

以前、どんぐりを利用していた者です。視考力は完全に子どもに定着し、このたび算数オリンピックのファイナルへ出場することになりました。

年長から小学低学年までの時期に思（視）考力をどんぐりの良問でつちかってきたからこそ、いま、超難問にたいしても粘り強く考え、答えを出していけるのだと思っています。どんぐりは良問です、木で言えば、幹や根の部分（生命そのもの）です。枝葉は幹からたくさん生えてきます。幹がしっかりしていれば花も咲きます。あわてず、じっくり取り組んでください（先生の受け売りではありません、実感です）。

● ● ● ●

わが子は先日「体験したい」ということで、国立大附属中を受験しました。成績は上位で計算に強かったので、どんぐりをしはじめた頃は絵を描くのが苦手で激しくいやがっていましたが、十一月ごろから絵で解けるようになってきて、むずかしい問題ほど達成感があるようで、受験用の勉強はせず、どんぐりだけで本番を迎えたのですが、合格してしまったのです。驚くことにどんぐり風問題が二問も出題されていました。

●●●●

子どもが昨日、「どんぐり先生にお礼を言って！」と、ウキウキ顔で帰宅しました。漢字テストでなかなか合格点が取れないので、「漢字を一日ひとつ、大きく書いて覚える」を、提案してみたのです。最初に何度か新聞紙に大きく書いてみて、本人が「よし」と思ったら、B４の用紙に書きます。それをリビングのよく見える場所に張り、勉強終了です。この方法をスタートしたときは、本人も「ラクでいいけど、これで覚えられるのかなー」と半信半疑でしたが、見ちがえるように合格点が取れるようになりました。修行のような漢字練習とは、お別れです♪

●●●●

小二で、小二の文章問題を週一問やっています（小一の夏に、小一の問題でスタート。小一では不定期。小二から週一問のペース）。現在は、五分くらいで解き終わり、正解率も高いです。うまくいかない時期もあり、この掲示板で相談したこともありました。

嬉しいことというのは、先日、この三月に転勤の予定があるため、首都圏の私立小の転学試験を受験したところ、合格できたことです。算数は、計算と思考力問題が出題されました。試験前に過去問をやってみたら、思考力問題で百点がとれました。これが、子どもの心の根っこにひそかに自信をつけたような気がします。

思考力問題は、見たことも聞いたこともない問題が多く、一問に一ページ（見開き）のスペースが与えられます。なので、子どもは、どんぐりの問題を解くときのように、図やイラスト、記号、ときにはセリフ？（「つまり」とか「…ということは」とか「だからこうなる！」などの言葉）などを、ページいっぱいに書きながら正解にたどりつくことができたようです。

いっぽう計算のほうはすごい量が出題されましたが、こちらは合格ラインぎりぎりで行こう！と言い聞かせて、ハードな練習を避け、過去問のコピーを教材としました。結果として、どんぐりの文章問題で、図を書くトレーニングができていたことが、合格につながったのではないかと思います。

●　●　●　●

現在二年生の息子は、昨年の夏からどんぐりに取り組みはじめました。家庭学習の第一歩がどんぐりだったおかげで、学ぶことがとても楽しいようです。絵にすることでこちらも見えますから、息子のシナプスが一つ一つつながる瞬間を感じることができ、急成長している息子にびっくりしています。

六年生の娘のほうは、最初はどんぐり問題に手をつけようともしませんでした。親子関係がまだギクシャクしていましたし、彼女にはリハビリの期間が必要だったのかもしれません。娘を追いつめてしまったのは私の責任ですから、彼女の気持ちによりそって、できるだけ彼女のやりたいことにつきあう覚悟でのぞんでいました。

傍らで楽しそうにどんぐり問題を描いている弟の影響もあったのかもしれませんが、二月くらいからやってみたいと自分から言いだしました。最初は四年生用のどんぐり問題も「？？？」な絵を描いていてちょっと心配してしまいましたが、その後、順調に描くことができるようになり、最近六年生の問題に取り組みはじめたところです。どんぐりを通して子育ての一番大切なことを学ばせていただいています。

●●●●

どんぐり倶楽部と出会って二カ月、まずは私の態度が変わりました。

勉強、宿題とガミガミ言わなくなり、ほぼ毎日、自動宿題しますマシーンが登場し、それにともなって、子どもたち（小六、小四）の態度も変わりました。なんというか、家庭内の雰囲気が穏やかになりました。自動宿題しますマシーンに変身したおかげで、学校でどんなふうな勉強をどんなやり方でしているかもわかるようになりました。

いままではなんでも学校まかせ、あとは子どもに、自分でやらないと身につかないよ！　と怒鳴るだけで、何をどうやっているか見もしない、完全手抜き母でした。

正直なところ、いくら小学生の宿題でも、毎日これ（いわゆるお粗末三点セットです）では私もうんざりします。夕方、バタバタと忙しかった日に、私がポツリと、今日はしんどいし宿題したくないなあ、とつぶやくと、子どもたちが、「大丈夫？　手伝おうか？」とやさしく声をかけてくれました。

なんだかおかしかったです。そして、これまで、子どもたちが宿題いやだなあ、したくないなあ、なんてつぶやいたときに、こんなふうにやさしく接してたかな、いやしてない、鬼の形相で何寝ぼけたこと言ってるの！　自分のためでしょう、やりなさい！　と怒鳴ってたよな、と思い返すと、本当に申し訳ない気になりました。（中略）

どんぐり倶楽部と出会えたことは、本当に幸運なことでした。もし出会えてなかったら、と思うと、怖いくらいです。

●●●●

少し前に、はじめて三年生の問題をやらせたのですが、思ったとおり、重症でした。その後、書いてあることを絵にすることと、絵だけを見て問題を解くことという約束をしました。

娘は絵を描くことが大好きだったので、得意になって描いてくれました。昨日「どんぐりもんだいやる～？」と聞くと「何それー？　あ、あの絵を描くやつか」と言うので、「そうそう」と言うと「やるやる～～～！」と返事が返ってきたのでビックリ！　ほんの数回しかしてないのに、すでに彼女はとりこになっていた……。予期した返事じゃなかったのであわてて紙と書くものを用意。下の息子に合わせ、まず年長問題から、二人とも一生けんめい絵を描いて、楽しく取り組んでいました。息子は二問目の絵が上手にかけないことに怒りやめましたが、娘は三問取り組み、満足げでした。

これからは「ゆっくり・ジックリ・ていねいに」をモットーに続けていきたいと思います。

いま中二の息子が小三のときにどんぐり倶楽部に出会い、小六までお世話になりました。いまは小五の息子、小三の娘が引き続きお世話になっています。

母の私に先生のいろいろな教材をおこなわせてあげる力というか気持ちが続かなくて、子どもたちには「ゆっくり・ジックリ・ていねいに」の言葉がけと「算数の文章題」のみを実践してきました。公文、そろばんはしていません。本は大好きでした（長男のみです）。

中二の長男（小三で約五〇問、小四、小五は一〇〇問ずつ、小六で七〇問ほど解いています）ですが、小学校を卒業と同時にどんぐりも卒業し、公立の中学に入学しました。ふだんの勉強は宿題をなんとなくこなしているくらいでまだまだ受験にむけての意識や行動はないようです。テスト勉強もほとんどしていないようです。

中二の中間テストまでの結果ですが、科目の好みはありますが、どの教科も九〇点あたりは取れていて、五教科で四六〇〜四八〇点です。教科のばらつきはありません。このように全体が平均的に理解できているのは、どんぐり倶楽部の文章題の国語力効果なのかなと思います。

小五の次男（小一、小二は一〇〇問、小三、小四は五〇問ほど、小五も週一ペースで解いています）は、小四あたりからわからん帳行きの問題が少なくなってきました。まだ兄のように数字ではわかりませんが、学校で新しい単元に入り、たまに「？？」な状態になると、家に帰ってから「先生の教え方が悪い！」とか、「チョーむずかしい！」と騒ぎだし……母に信号を送ってくれます。それも少し落ち着くと、「な～んだ簡単じゃん！」などと勝手に納得していきます。わからないことに気がつくことも、読解力なのかな～と思うのですが、どうでしょうか。

さてさて小三の娘です。この子は兄二人とちがい、小一のときに年長問題、小二で小一問題を、小三の現在まだ小一問題に取り組んでいます。週に一問のペースです。そろそろ小二の問題にしようかと思案中です。初めのころは問題の言葉、意味が「？？？」で、どこの何が「？」なのかもわからない状態でした。二年に上がったころから「これはなんて読むの？」「どういう意味？」と問題そのものを理解しようとしてきたように思います。そのころからできること、わかることを感じてきたのでしょうか。まだまだ娘のペースですが、どんぐり効果を感じています。

これらの報告はすべて、私が直接指導したものではありません。「良質の算数文章問題」を使い方を守って実践されたというだけです。つまり、思考力養成についての正しい理論があれば、だれでも簡単に思考力養成はできるという証拠です。

どんぐり倶楽部HP掲示板には、ほかにも学習相談、利用者の声が豊富にあります。

http://homepage.mac.com/donguriclub/frontpage.html

また本文中に引用したブログ、HP掲示板への書きこみ等のURLは左記を参照してください。

なお体裁上、引用時に表記を変えさせていただいた部分があることをご了承ください（編集部）。

http://homepage.mac.com/donguriclub/buddy.html

【どんぐり倶楽部「良質の算数文章問題」例題】

【年長向け08】■かぜのうたが　きこえています。　かぜのうたは　1にちに　3かいきくことが　できます。　きのうまでに　9かい　きいています。　では、きょうはかぜの　うたを　ききはじめてから　なんにちめ　でしょうか。▼4にちめ（4かめ）

【年長向け52】■こぐまの　はちみつが　3こ　なくなりました。のこっているのは8こです。では、なくなるまえには　なんこ　あったのでしょう。

【年長向け56】■とびうおが　すきな　びっくりばこの　なかには　たまごが　4こはいっています。そして、その　たまごのなかには　3このひかるいしが　はいっています。では、びっくりばこのなかには　なんこの　ひかるいしがあるのでしょう。

【年長向け72】■ありんこの　りんこちゃんが　たびにでました。とてもとても　とおいたび　です。りんこちゃんは　とちゅうで　さびしくなって　なきだしてしまいました。なみだが　一つ　二つと　おちてきて、ついには　おおきなおおきな　いけが　できました。そこで、りんこちゃんは、そのいけを　わたってみることにしました。すると、8ほ　でわたることが　できました。なみだが　3こで　2ほぶんの　池ができるとすると　りんこちゃんが　ながした　なみだは　なんこ　だったのでしょう。▼12こ

【小1向け26】■3ぼんの　でんせんに　でんせんがめが　とまっています。1ぽんめの　でんせんには　8ひき、2ほんめの　でんせんには　6ぴき、3ぼんめの　でんせんには　4ひき　とまっています。では、まえから　4ばんめと　うしろから　3ばんめの　あいだに　いる　すべての　かめを　たした　かずと　3ぼんの　でんせんに　とまっている　すべての　かめの　かずとのさは　なんびき　でしょう。▼16ぴき

【小2向け28】■今日はヒカルぴょんの誕生日です。カラスさんからは高級クモを5匹、モグラさんからは柔らかミミズを8匹貰いました。クモはミミズの4倍の値段がします。クモ1匹の値段が80円なら、皆で何円分のプレゼントを貰ったことになりますか。▼560円

【小2向け77】■今日はクラス対抗牛乳速飲み大会の日です。カブト君は5分で10本、カメ君は4分で8本、タツノオトシゴ君は2分で5本の牛乳を飲みます。牛乳1本を180ミリリットルとすると、この3人が1時間でのむ牛乳の総量はどれくらいになるでしょう。▼70200㎖

【小2向け82】■ムーリー君はピクニックに行く途中、家から北へ向かって9キロ850メートル歩いたところで忘れ物を取りに家に戻りました。まず、ムーリー君は、南へ5050メートル戻って、次に西へ350メートル進み、また、南へ4800メートル進んで東へ830メートル進みました。さて、これから最短距離で家に帰るにはどの方向に何メートル進めばいいでしょう。▼西へ480メートル

【小3向け54】■センコウ君とデンコウ君が2回勝負の花火飛ばし競争をしました。センコウ君が先にします。1回目はデンコウ君がセンコウ君の4倍の花火を飛ばしました。2回目はセンコウ君が1回目のデンコウ君の2倍の花火を飛ばしました。では、デンコウ君がセンコウ君と同点になるには、デンコウ君は一回目にセンコウ君が出した得点の何倍を得点すればいいでしょう。▼答え・5倍

【小3向け91】■ケーキ6個と150円のプリン1個を買った時の代金は、同じケーキ1個と80円のシュークリーム1個を買った時の代金の5倍になりました。このケーキ1個の値段はいくらでしょうか。▼250円

【小3向け99】■カレイのレイちゃんの誕生日に缶入りのクッキーケーキを買ってきて、缶ごと重さを量ったら4kg700gありました。このクッキーをみんなで3分の1食べてから、重さを量ったら今度は3kg450gでした。では、このクッキーが入っている缶だけの重さはどれくらいなのでしょうか。▼950g＝0・95kg

【小4向け07】■ミミズのニョロのクラスでは風邪《かぜ》が流行《はや》っています。今日は昨日の3倍の生徒が休んでいます。もしも、明日、今日の4倍の生徒が休んでしまったら、ニョロだけになってしまいます。ニョロのクラスの人数を37人とすると昨日の欠席者は何人だったのでしょう。▼3人

【小4向け59】■今日は、亀丸小学校の首延ばし大会の日です。決勝戦に残ったのは、赤亀君、青亀君、緑亀君、黄亀君の4人でした。青亀君は赤亀君より2m6cm長く、赤

亀君は緑亀君の2倍の長さだったそうです。黄亀君が４６３０㎜丁度で緑亀君の半分だったとすると、４人の合計の首の長さは何m何cmになるでしょうか。▼52m99cm

【小5向け60】■飲むと体を浮かせることができる「ふわふわサイダー」が発売されました。このサイダーを２５０ミリリットル飲む度に3秒間体を浮かせることができます。では、1時間体を浮かせるには、５００ミリリットルの専用コップで何杯のサイダーを飲めばいいでしょうか。▼６００杯

【小6向け14】■ケロ子さんはウサギ飛びとカエル飛びで６㎞先の学校に行きます。ウサギ飛びだけで行くと1時間20分、カエル飛びだけで行くと1時間丁度で学校に着きます。家を出てから30分間をカエル飛びで行くとすると、残りは何分間ウサギ飛びをすれば学校に着くでしょう。▼40分間

次ページ以降に【頭の健康診断】で使っている問題を掲載しておきます。

（答え・診断表）→http://homepage.mac.com/donguriclub/shindan-new.html

＜頭の健康診断＞

＜方法＞※問題を解いている様子も観察しておいてください。診断表での診断材料になります。

1. 該当学年の問題をプリントして1問10分（5問50分）で解きます。
2. 自己採点してください。※甘めに採点してあげてください。※1問20点の100点満点です。点数＝学力%になります。
3. 診断表（ホームページにあります）を見てお子さんの状況を診断しましょう。※学力%は現在の本当の学力です。

・100%→お見事です。・99-80%→ゆっくり一定のリズムで考えるようにするだけで一気に100%以上になります。この調子です。

・79-60%→考えることはできますが「深思考の定着」にはいたっていません。軽症ですが、深思考の習慣づけが必要です。

・59-40%→半分程度が「考えない学習」になっている状態です。学習方法を吟味しましょう。重症です。

・39-20%→「考えない学習」が浸透してきています。危篤状態です。・19-0%→「考えない学習」を強制されている状態です。仮死状態です。

※40%未満の場合はこれまでの学習方法を見直されることをお勧めします。

●年長向け問題

＜0MX01＞きょうは　てんきが　いいので、こうえんに　さくらの　はなを　みにでかけました。よくみると、さくらの　はなには　5まいの　はなびらがついていました。そこで、きょうは　みんなで　さくらのはなびらを　かぞえることにしました。けんたくんは　さくらの　はなを　2つ(ふたつ)　みつけたので、はなびらは　5まいと5まい　で10まいに　なりました。では、4つ(よっつ)みつけた　なおみちゃんと、5つ(いつつ)みつけた　こうすけくんの　さくらのはなびらのかずを　くらべると　どちらが　なんまい　おおくもっているでしょう。

＜0MX02＞しんたろうくんは　そらをとぶ　おさかなを　きのう　みました。おさかなは　あかいおさかなと　あおいおさかなが　いました。あかいおさかなが3びき　いたのですが　あおい　おさかなはなんびきか　わかりません。そのひのしんぶんで　きのうのおさかなは　みんなで　8ひきだったことが　わかりました。では、あおいおさかなは　なんびき　だったのでしょう。

＜0MX03＞ここは　くらげのうみです。まいにち　たくさんの　くらげがあつまってきます。きょうは　きのうよりも　5ひきおおいようです。　きのうのくらげは　6ぴき　でした。　あしたもまた　きょうと　おなじかずだけふえるとすれば　あしたは　くらげは　なんびきになるでしょうか。

＜0MX04＞きょうは、もぐらの　もぐもぐが　かいものに　いく　ひです。となりのなんでもやすいよしょうてん　では、なんでも　1こにつき　2えん　ひいてうってくれます。もぐもぐは　1ぴき　12えん　とかいてある　ごちそう　みみずを2ひき　かいました。なんえん　はらえば　いいでしょうか。もちろん、1こにつき2えんを　ひいてくれますよ。

＜0MX05＞ありんこの　りんこちゃんが　たびにでました。　とてもとても　とおいたびです。りんこちゃんは　とちゅうで　さびしくなって　なきだしてしまいました。なみだが　一つ　二つと　おちてきて、ついには　おおきなおおきな　いけができました。そこで、りんこちゃんは、そのいけの　なみだみずを　のんでみることにしました。すると、6かいで　のんでしまうことができました。では、1かいで3このなみだみずを　のんだとしたら　りんこちゃんが　ながした　なみだはなんこ　だったのでしょう。

＜0MX01＞こうすけくんが　5まい　おおく　もっている※ 5まい→×、5まいおおい→×、
＜0MX02＞5ひき＜0MX03＞16ぴき＜0MX04＞20えん＜0MX05＞18こ

●小1向け問題

＜1MX01＞
あかいカメ[かめ]と　しろいカメ[かめ]が　います。
あかいカメ[かめ]は　しろいカメ[かめ]より　6ぴき　おおいです。
いま、かぞえたら、あかいカメ[かめ]は　8ひき　でした。
では、みんなで　カメ[かめ]は　なんびき　いるのでしょう。

＜1MX02＞
あかいチューリップ[ちゅうりっぷ]と　しろいチューリップがあります。
あかは　しろより　3ぼん　おおいです。あかは　ぜんぶで　5ほんです。
では、あかと　しろを　あわせたかずは　なんぼんに　なるでしょう。

＜1MX03＞
アリッサ[ありっさ]ちゃんのクラス[くらす]で　にんずうしらべを　しています。
1いちねんせいみんなが　おとこのこのれつと　おんなのこのれつに　1れつずつならんでいます。ことしの1ねんせいは　おとこのこが　おおいそうです。
いま、おとこのこと　おんなのこが　てをつなぐと　20にん　あまってしまいました。
おとこのこと　おんなのこを　あわせると、ちょうど　100にんです。
それでは、おんなのこだけでは　なんにん　いるのでしょう。

＜1MX04＞
おとこのアリ[あり]さんと　おんなのアリ[あり]さんが　2れつに　ならんでいます。
おんなのこが　おおいようです。れつのながさの　ちがいは　6にんで、
おんなのこが　13にんだとすると、みんなでは　なんにん　いることになりますか。

＜1MX05＞
みぎの　おさらには　3この　おまんじゅうが　おいてあります。
ひだりの　おさらには　5この　おまんじゅうが　おいてあります。
では、みぎの　おさらに　おいてある　おまんじゅうのかずと　ひだりの　おさらに　おいてある　おまんじゅうの　かずの　ちがいは　なんこでしょう。

＜1MX01＞10匹＜1MX02＞7本＜1MX03＞40人＜1MX04＞20人＜1MX05＞2こ

●小２向け問題

＜2MX01＞
ハムハムがチューチューの家まで行くのに80分かかります。
今日、ハムハムは漫画の本を借りにチューチューの家に午後１時１０分に着くように家を出るつもりです。
では、ハムハムは何時何分までに自分の家を出ればいいでしょう。

＜2MX02＞
朝早く目覚めたガンバルドンは、どういうわけか、突然もっと筋肉を付けようと思い、どうしたら筋肉が付くのかを色々と調べました。その結果、筋肉豆腐の半分が蛋白質で、その蛋白質の半分が筋肉になることをつきとめました。
では、100gの筋肉を付けるには筋肉豆腐を何グラム食べるとよいでしょう。

＜2MX03＞
ボールのコロコロとゴロゴロは100cm転がりっこ競争で、今日のお掃除当番を決める事にしました。コロコロは10分で20cm、ゴロゴロは15分で25cm進みます。どちらが何分早くゴールできるでしょう。

＜2MX04＞
デンデン小学校では秋の歓迎遠足で10cm 離れた公園へ行きました。
朝の８時30分に学校を出て、25mm 歩いたところで10時になりました。
歩く速さが同じだったとすると、公園には何時何分に着いたでしょう。

＜2MX09＞
拓郎君のクラスは全員で42人の向日葵組(ひまわりぐみ)です。
向日葵組(ひまわりぐみ)は、赤、青、黄の３班に分かれていて、
赤は青よりも６人多く、青は黄よりも３人多くいます。
今、班毎に１列に並んでもらい、班毎に前から８番目と後ろから６番目の間の人数を出して、その人数をみんな加えました。
さて、今足した人数の合計は何人になったでしょう。

＜2MX01＞11時50分＜2MX02＞400g＜2MX03＞コロコロが10分早い＜2MX04＞14時30分
＜2MX05＞400g＜2MX09＞7人

●小３向け問題

＜3MX00＞
今日は全校CD飛ばし大会の日です。50人が一緒に飛ばします。上位３人の記録を合わせると、下位２人の合計の丁度４倍でした。５人の記録を合わせると50mになりました。下位２人の差を2mとすると最下位は何mになりますか。

＜3MX01＞
デンデン君は、毎朝公園の周(まわ)りのお散歩ロードを１周します。お散歩ロードは１周２km50mです。デンデン君は30分で50m進むことができます。
では、デンデン君が朝のお散歩以外に使える時間は１日に何時間何分あるでしょう。

＜3MX05＞
午前11時59分28秒にカタツムリのムーリー君が、いつもの様に学校に向かって歩き始めました。学校までの距離は丁度100mです。ムーリー君はいつも10mを５分15秒で歩きます。ムーリー君が学校に着くのは何時何分何秒ですか。

＜3MX06＞
メエメエさんが、メソメソ君に同じ値段(ねだん)のお菓子(かし)を２個と、そのお菓子１個の丁度(ちょうど)３倍の値段のするアイスクリーム１個を買ってあげます。皆(みんな)で400円だそうです。ではお菓子１個の値段とアイスクリーム１個の値段を考えてみましょう。

＜3MX07＞
ダンゴ虫のお母さんが、900円で子ダンゴ虫３匹に、同じお菓子(かし)を10個ずつ買ってあげようと思っています。お釣が出ないように買うと、１個何円のお菓子を買えばいいのでしょう。

＜3MX00＞4m＜3MX01＞3時間30分＜3MX05＞12時51分58秒
＜3MX06＞お菓子80円：アイス240円＜3MX07＞30円

●小４向け問題

＜4MX06＞
サブちゃんは今日も世界一のサブレを求めて食べ歩きを続けています。今日は、大カメサブレ６枚と小カメサブレ２枚を320970円で買いました。大は小の４倍の値段です。さて、大サブレは１枚何円なのでしょう。

＜4MX07＞
ミミズのニョロのクラスでは風邪(かぜ)が流行(はや)っています。今日は昨日の３倍の生徒が休んでいます。もしも、明日、今日の４倍の生徒が休んでしまったら、ニョロだけになってしまいます。ニョロのクラスの人数を37人とすると昨日の欠席者は何人だったのでしょう。

＜4MX08＞
今日は学校でバザーを開催(かいさい)します。みんな一つずつ不要なものを持って来ます。バザーでは、自分が売りたい値段(ねだん)の１／５（５分の１）の値段を加えて売ることになっています。桜子ちゃんは昨日まで使っていた自動宿題しますマシーンを９０万円で売ることになりました。
では、桜子ちゃんが売りたいと思った値段は幾(いく)らだったのでしょう。

＜4MX09＞
カブト３匹とクワガタ４匹を缶(かん)に入れて重さを計(はか)ったら2kg600gでした。缶はカブトと同じ重さで、カブトは３匹とも同じ重さです。また、クワガタは１匹がカブトと同じで、他の３匹はカブトの丁度(ちょうど)半分の重さです。では、軽(かる)いクワガタ１匹の重さは何gかな。

<4MX11>
朝早く目覚(めざ)めたハム太郎は、どういうわけか、突然もっと筋肉(きんにく)を付けようと思い、どうしたら筋肉が付くのかを色々と調べました。その結果、筋肉豆腐(きんにくどうふ)の半分が蛋白質(たんぱくしつ)で、その蛋白質の半分の半分が筋肉になることをつきとめました。では、100ｇの筋肉を付けるには筋肉豆腐を何グラム食べるとよいでしょう。

<4MX06>49380円<4MX07>3人<4MX08>75万円< 4MX09>200g<4MX11>800ｇ

●小５向け問題

<5MX00>
ムーリー君は１時間で20cm進み、ローリー君は２時間で50cm進みます。

ムーリー君は５m離れたお店へ、ローリー君は６m離れたお店へそれぞれお使いに行きます。では、どちらがどれくらい早く帰ってくるでしょうか。

<5MX02>
右隣(みぎどなり)に住んでいるガメラ君は昨日UFO(ユーフォー)２機とヘリコプター１機を530億円で買いました。

左隣(ひだりどなり)のギャオス君は同じUFO１機とヘリコプター３機を340億円で買いました。評判(ひょうばん)が良いので、明日、僕はUFO５機とヘリコプター５機を買うつもりです。何円用意する必要があるでしょうか。

<5MX03>
12と42の最小公倍数を分母、最大公約数を分子にした分数と、
４と28の最小公倍数を分母、最大公約数を分子にした分数とを足すと幾(いく)つになりますか。

<5MX05>
朝太郎は、朝のコーヒーを飲んでいる時に、ふとアメを食べたくなり200秒で11個のアメ玉を作る事ができる自動アメ玉製造機を発明しました。それでは、この製造機が２時間で作る事ができるアメ玉の数と、その数の百の位の数字を十の位にして、十の位の数字を一の位にして、一の位の数字を百の位にした数の差は幾(いく)つになるでしょう。

<5MX09>
今日は滞空時間(たいくうじかん)を競う全国CD飛ばし大会の日です。飛ばしや君は、かっ飛び君の３倍、かっ飛び君はふんわり君の４倍の滞空時間でした。

また、飛ばしや君とかっ飛び君の滞空時間を合わせると１分36秒でした。

では、ふんわり君の滞空時間はどれくらいだったのでしょう。

<5MX00>ローリー君が2時間早い<5MX02>1400億円
<5MX03>3/14(14分の3)←6/84+4/28=1/14+1/7=3/14<5MX05>243(639-396=243)
<5MX09>６秒

●小６向け問題

<6MX00>
ムササビ商店とモモンガ商店では、毎年恒例のマント祭りを開催しました。

今年の売り上げはムササビ商店がモモンガ商店の15/12(12分の15)で154320円でした。ではムササビ商店とモモンガ商店の売り上げの差額は幾らだったのでしょうか。

<6MX01>
赤チューリップと白チューリップがあります。赤は白より28本多く赤は全部で32本です。このチューリップはどれも１本で15秒に10ミリリットルの水を吸い上げます。では白いチューリップだけで7.68リットルの水を吸い上げるにはどれくらいの時間がかかりますか。

<6MX02>
モグモグは地底散歩をしていた時に、原子力発電の燃料になるウランを見つけたので電力会社に売ることにしました。８億円で売ろうとしたのですが、高くても売れるかなと思って最初の値段の２割増しの値段を定価として付けました。ところが売れないので、定価の３割引で売りました。では、売った値段を求めてみましょう。

<6MX04>
朝早く目覚めたハム太郎は、どういうわけか、突然もっと筋肉を付けようと思い、どうしたら筋肉が付くのかを色々と調べました。その結果、筋肉豆腐の80%が蛋白質(たんぱくしつ)で、その蛋白質の62.5%が筋肉になることをつきとめました。では、100gの筋肉を付けるには筋肉豆腐を何グラム食べるとよいでしょう。

<6MX08>
今日は全校CD飛ばし大会の日です。50人が一緒に飛ばします。上位３人の記録を合わせると、下位２人の合計の丁度２倍でした。５人の記録を合わせると840mになりました。下位２人の差を４mとすると最下位は何mになりますか。

<6MX00>30864円<6MX01>2880秒（48分）<6MX02>6億7200万円<6MX04>200g
<6MX08>138m

※「どんぐり倶楽部」のHPでは、すべての問題の添削例を公開しています。
参考になれば幸いです。
※http://homepage.mac.com/donguriclub/index-pc-new.html
<頭の健康診断>をクリックしてください。

あとがき

「夢追い族の守り神――シコウリョク様」

日本のど真ん中に「限りなき夢追い族」と呼ばれる部族がK山に、「果てしなき夢追い族」と呼ばれる部族がM山にいました。両部族とも守り神は同じ神だったので、それぞれの山の頂上には翼の形をした同じ守り神をまつっていました。

長年の間、両部族とも空を飛ぶことを夢みていました。空を自由に飛びまわることにあこがれていたのです。

両部族とも真剣に日夜努力していました。

しかし「限りなき夢追い族」の長は「速く走れるようになれば飛べる」と信じていました。また「果てしなき夢追い族」の長は「高くジャンプすれば飛べるようになる」と信じていました。

ときには両部族間で言い争いも起こりました。

「もう少し速く走れれば空を飛べるんだ。もう少しで飛べるんだ」

「もう少し高くジャンプできれば空を飛べるんだ。もう少しで飛べるんだ」

おたがいに譲りません。この争いが起こってから、時はすでに数十年たっていました。


そこへ、通りすがりの男が空からフワフワと降りてきました。両部族は言い争いをしていて、その男にはまったく気づきませんでした。

その男は言いました。

「君たちは空を飛びたいのかい」

「当たり前だ。それが夢なんだ」

と両部族が口をそろえて言いました。

すると、その男は不思議そうな顔で、

「じゃあ、なぜあの翼を使わないんだい」

と山頂に飾ってある守り神を見上げました。

両部族ともいっせいに笑いだしました。

「あれは守り神、シコウリョク様だ。何にも知らないんだな。よそ者は帰ってくれ」

「あれは飾りなんだ。実用品じゃないんだ。何にも知らないよそ者は帰ってくれ」

そう言って、両部族はまた走ったり、ジャンプしたりする練習をはじめました。

この光景をジッと見ていた子どもが男に近づいてきて、真剣な目で言いました。

「ぼく、空を飛びたいんだ」

帰りかけていた男はその子に、守り神を指さして言いました。

「あれは翼と言うんだ。あれを使えば、ほんの少しの助走とほんの少しのジャンプで空を飛べるんだよ」

男は、そう言ってスーッと空へ帰っていきました。

子どもたちは、その男が翼を使って軽々と空に舞い上がるのをしっかりと見ていました。

そして、みんな大急ぎで家に帰りました。

どの家にも「シコウリョク様」という翼はまつられていたからです。

■ ■ ■ ■

私たちはだれもが視考力という翼を与えられて生まれてきます。

子どもたちに教えてあげてください。

自分の視考力を使いさえすれば、大空を自由に飛びまわれることを。

翼をもぎとるようなことだけは、どうかしないでください。

視考力という「絶対基礎学力」がないと、どんなに「読み・書き・計算」に力を入れても、学力養成はできません。

人生を楽しむことができるように、自分がもっている視考力に気づかせ、使い方を教えて、思考力を育ててあげましょう。

心へと続く道

暗闇の中で子どもをデタラメに走らせるのはやめよう
足元をシッカリと照らし、
だれもが歩いていける道がココにある
舗装はしていないから、
歩きにくいかもしれない
でも、作り物じゃないから絶対に壊れたりはしない
この道を信じて、子どもを歩かせてみないか
この道は、人間の心へと続く道なんだから
暗闇の中で子どもをデタラメに走らせるのはやめてくれ
どんなに力がある子どもでも
それじゃあ、力尽きてしまうから

糸山泰造（いとやま　たいぞう）
1959年佐賀県生まれ。明治大学商学部卒。進学塾講師をへて塾講師の指導に携わる。85年から、遊びを通して子どもたちの成長をサポートする「どんぐり倶楽部」を運営。その後、勉強会をはじめ、保護者主宰の教室を開催。現在は「どんぐり倶楽部」ＨＰを通じてオリジナルテキスト・教材のダウンロードサービス等を行うほか、海外在住者も含む会員に添削指導を行う。著書に『絶対学力』『新・絶対学力』（文藝春秋）、『子育てと教育の大原則』（エクスナレッジ）などがある。
http://homepage.mac.com/donguriclub/frontpage.html

◎本書読者のために、プリントサービスを用意しました。
1. e-BOOK「思考の臨界期」※通常はダウンロードのみ
2.「良質の算数文章問題」※年長向け～小6向け
いずれも有料ですが、興味のある方は下記へお問い合わせください。
FAX　：020-4623-6654
メール：donguriclub@mac.com
ハガキ：〒811-1356 福岡県福岡市南区花畑2-21-33-105
「どんぐり倶楽部」読者サービス

12歳までに「絶対学力」を育てる学習法

2007年9月14日　第1刷発行

著　者　糸山泰造
装丁者　川島　進（スタジオ・ギブ）
ＤＴＰ　山中　央
発行者　木谷東男
発行所　株式会社　草思社
〒151-0051　東京都渋谷区千駄ヶ谷2-33-8
電話　営業03(3470) 6565　編集03(3470) 6566
振替　00170-9-23552
印刷・製本　中央精版印刷株式会社

ISBN978-4-7942-1627-4　Printed in Japan